中国旅游消费行为模式研究

ZHONGGUO LÜYOU XIAOFEI XINGWEI MOSHI YANJIU

龙江智 著

北京·旅游教育出版社

本书受教育部人文社会科学研究基金项目《国内旅游消费行为模式研究:理论模式与政策框架》(09YJCZH001)资助出版。

前 言

本书是作者主持教育部人文社会科学研究基金项目《国内旅游消费行为模式研究：理论模式与政策框架》以及国家旅游局规划基金项目《中国城镇居民的旅游动机与消费模式研究》的主要成果，系统探究了我国城镇居民旅游的动机、障碍因素、旅游涉入和行为模式等基本议题，比较系统地反映了当前国内旅游消费研究的最新进展。其中，关于旅游消费模式的研究则具有一定的前沿性和创新性。

本书分为七章。第一章介绍了研究背景、主要内容、研究方法、调研过程及研究样本。第二章系统梳理了有关旅游消费的研究文献，着重探讨了旅游消费的内涵特征、旅游动机及旅游消费模式等关键变量。第三章研究我国城镇居民的出游动机和旅游障碍。第四章研究我国城镇居民的主要旅游消费行为特征，重点分析总体旅游行为特征以及不同区域的行为特征差异。第五章研究中国城镇居民的旅游消费模式，以旅游动机、旅游涉入和目的地选择因素为核心变量构建了旅游消费模式的理论框架，并探析了不同消费模式的行为特征差异。第六章研究了近期内未出游城镇居民的旅游消费行为、公务员群体的旅游消费行为以及哈尔滨城镇居民旅游行为特征三个专题。第七章在前几章研究的基础上，结合我国旅游消费的现状特点和主要问题，提出了扩大我国旅游消费的战略思路与政策措施。

本书能得以形成专著出版，首先要感谢东北财经大学提供的研究平台，使得本人有机会深入从事自己热爱的旅游研究工作。真诚感谢学院领导、同事们，正是他们的支持和帮助，使得我可以在一个轻松、愉快的研究环境下全身心投入到研究工作中。真诚感谢课题组成员，书中沉淀了太多他们的真知灼见和思想结晶。还特别要感谢我的学生们，书中融入了他们太多的汗水和智慧，没有他们的帮助，这项以大样本调查为基础的研究工作没有办法完成。感谢从事相关领域研究的前辈和同行，他们丰富的学术成果是本书的肥沃土壤,那些大量的参考文献,启发了我的研究思路。由衷感谢旅游教育出版社的领导和本书的责任编辑,是他们的鼎力相助才使得此书能够尽快得以顺利出版。感谢我的父母、岳父母、导师和兄弟姐妹,他们的关怀和奉献永远是我最坚强的后盾。最后,特别要感谢我的爱人和儿子,谨以此书献给他们,表达我对他俩道不尽的惦念和爱。

目 录

第一章 研究背景、内容和方法 1
    一、研究缘起及其意义 1
    二、研究内容 4
    三、研究方法 9

第二章 旅游消费的理论评述 15
    一、旅游消费的内涵与特点 15
    二、旅游动机 21
    三、旅游消费模式 24

第三章 中国城镇居民的旅游动机与出游障碍 29
    一、旅游动机 29
    二、旅游障碍 32

第四章 中国城镇居民的主要旅游行为特征 39
    一、总体旅游消费行为特征 39
    二、不同区域的行为特征差异 48

第五章 中国城镇居民的旅游消费模式 63
    一、旅游消费模式 63
    二、模型构建 64

三、不同消费模式的旅游消费行为之差异 …………………………………… 70

四、不同消费模式的人口统计特征之差异 …………………………………… 80

五、小结 …………………………………………………………………………… 85

第六章 若干旅游消费专题研究 …………………………………………………… 88

一、近期内未出游城镇居民的旅游消费行为 ………………………………… 88

二、公务员群体的旅游消费行为 ……………………………………………… 98

三、哈尔滨城镇居民旅游行为特征 …………………………………………… 108

第七章 扩大旅游消费的战略思路与政策措施 …………………………………… 121

一、国内旅游消费的现状特点 ………………………………………………… 121

二、当前旅游消费的主要问题 ………………………………………………… 122

三、扩大旅游消费的基本思路 ………………………………………………… 124

四、扩大旅游消费的政策措施 ………………………………………………… 125

附录1 开放式研究问卷 …………………………………………………………… 130

附录2 定量研究问卷 ……………………………………………………………… 134

参考文献 …………………………………………………………………………… 143

第一章　研究背景、内容和方法

一、研究缘起及其意义

21世纪被认为是消费者创造的世纪,社会的典型特征是消费社会。外需过旺、投资强劲、消费疲软已成为中国经济一个重要的结构性矛盾。为此,中央领导确立了"扩大内需是我国经济发展的长期战略方针和基本立足点"。因此,现阶段迫切需要调整投资与消费、内需与外需的关系,增强内需对经济增长的拉动作用。旅游业是需求潜力大的产业,是国家扩大内需的热点领域。新世纪以来,旅游业已经为国家扩大内需做出了积极贡献。自2000年至2013年,国内旅游消费已经呈现迅猛增长的趋势。国内市场的旅游者人数、出游率和总花费均实现了几何式增长;出境旅游更是增长了9倍多,因私出境人数增长达到了1633.28%(见表1-1)。旅游消费在居民日常消费中所占的比重不断上升,对国民经济发展的贡献逐步增强。

表1-1　2000年至2013年中国旅游消费的增长情况

项　目	2000	2013	增长率
国内旅游			
国内旅游者(亿人次)	7.44	32.6	438.17%
出游率(%)	59.1	239.58	405.38%
旅游总花费(亿元)	3175.54	26276	827.45%
入境旅游			
入境旅游人数(万人次)	8344	12908	154.70%
旅游外汇收入(亿美元)	162	517	319.14%
旅游总收入(亿元)	4519	29428.439	651.22%

续表

项　　目	2000	2013	增长率
出境旅游			
出境人数(万人次)	1047.3	9819	937.55%
因私出境人数(万人次)	563.1	9197	1633.28%

资料来源:国家旅游局.旅游抽样调查资料.北京:中国旅游出版社,2001;国家统计局.2013年国民经济和社会发展统计公报。

从理论上讲,旅游消费是综合性、多层次、非基本的最终消费,具备扩大内需的优势特征,且拉动效应明显,具有很强的波及效应和倍增效应。主要表现在:(1)旅游消费是综合性消费,涵盖一次旅游活动所需要的各种有形物质产品与无形服务的总和,是集食、住、行、游、购、娱于一体的综合性消费活动。(2)旅游消费是最终消费,对扩大内需的贡献比较直接。而且旅游消费不像工业耐用消费品一次购买长期使用,而是具有服务消费特有的多次重复性。特别是旅游消费涵盖高、中、低三个不同的档次,消费形式多种多样,可以满足不同层次、不同群体的消费需求,最终形成的有购买力的旅游需求总量相当庞大。(3)旅游消费是资源节约型和环境友好型消费模式,对扩大内需的作用具有可持续性。健康、有序的旅游消费还可以促进资源和生态环境保护,有利于经济社会协调发展。(4)旅游消费具有多重功能,经济效益和社会效益突出。旅游消费是一个满足多层次需求的体验式消费方式,其文化功能、宣传功能、教育功能、娱乐功能、体育健身功能都十分突出。(5)旅游消费属于非基本消费,具有广阔的增长空间。旅游消费是人们的基本需要,即生理需要和安全需要得到一定满足后,为实现更高层次的需要而进行的高级消费形式,因而没有数量限制。随着社会经济的发展及人们消费水平的提高,旅游消费将持续地贯穿在人们真正意义上的日常生活和闲暇活动之中,规模将不断扩大,层次将不断提高。旅游业发展的一般规律显示,当一个国家人均GDP达到3000～5000美元,将进入旅游消费的快速增长期。2013年,我国人均GDP将接近7000美元,我国旅游消费需求已经达到爆发性增长的基线、旅游业步入"大众消费"的阶段。旅游业应该为国家扩大内需战略做出更加积极的贡献。

因此,如何促进旅游消费、优化旅游消费结构、拉动内需成为重要的理论和实践命题。产业界在这方面做出了积极的探索,比如"发放旅游消费券"、"搞国民旅游休闲试点计划"等。但是,效果并不显著。背后深层次的原因在于学术界对国内旅游消费的行为特点和基本规律缺乏深入探究,因而难以提出有效激活国内旅游消费的政策建议。旅游者需求与消费行为始终是旅游研究的前沿问题[①]。遗憾的是,这正是我国旅游研究最薄弱的领域。国内学者着重探究某城市(或某地)旅游消费行为的统计学特征,鲜有论及旅游消费行为的理论模式。国外虽有不少研究涉及旅游消费模式的理论建构,但大多是传统消费理论模式的借用或变种,缺乏基于旅游消费特征的理论创见。

本研究围绕我国城镇居民出游的动机,统合旅游动机、旅游消费涉入、目的地(产品)偏好结构等旅游消费行为的核心变量,提炼出我国城镇居民的旅游消费模式;研究不同旅游消费模式的旅游消费行为特征,系统探究旅游消费规律。

研究的意义和价值体现在以下三个方面:

其一,旅游动机是人们进行旅游活动真正的原因[②],是诱发消费者产生旅游行为的原动力[③]。旅游动机、消费涉入、产品偏好等是表征旅游消费行为的关键特性。系统探究这些特性,提炼旅游消费模式,总结旅游消费的需求特点和基本规律,才能更好地规划和管理旅游供给系统,指导旅游资源开发、旅游产品发展、目的地规划以及旅游服务提供,实现"需求"和"供给"的有效对接。

其二,深入探究旅游消费模式,既是构建我国本土化旅游营销理论的重要前提,也是目的地和旅游企业成功营销的基石。营销理论的根本依据是消费者行为,而不同文化、不同民族的旅游消费行为具有显著差异[④]。由于我国旅游研究起步晚,研究方法不成熟,造成目前国内旅游消费行为的研究大多借鉴国外理论,旅游营销理论也基本上是对西方理论的引进,导致我国本土化的旅游消费行为理论和旅游营销理论尚未独立地构建起来。系统分析旅游消费行为的过程,以及对旅游消费模式的提炼,既可以丰富旅游消费行为学的内容,也为旅游营销理论的构建做出贡献。同时,完整构建旅游消费模式,是目的地和旅游企业成功营销的基石。旅游消费行为的过程模式基于我国的旅游发展现状,完整地描述出游客在消费过程中的心理和行为变化以及相关的影响因素,将有利于目的地和企业准确把握旅游细分市场特点,有利于更好地开发新的旅游产品,有利于更好地调整和制定营销策略,为目的地和旅游企业的成功营销提供有力的理论指导。

[①] 范业正. 旅游者需求与消费行为始终是旅游研究的前沿问题. 旅游学刊,2005(3).
[②] Iso-Ahola. Toward a Social Psychological Theory of Tourism Motivation: a Rejoinder. Annals of Tourism Research, 1982,9(2):256-262.
[③] Kotler, Armstrong. Principles of Marketing. New Jersey: Pearson,1999.
[④] Pizam. Does Nationality Affect Tourist Behavior. Annals of Tourism Research,1995,22(4):901-917.

其三，研究旅游动机、旅游消费模式和障碍因素，是政府有效开发旅游市场、激活旅游消费的理论前提。只有深入了解旅游消费模式，才能针对不同消费模式的群体，提出更加有效的市场开发策略和政策措施。在后危机时代，如何有效激活旅游消费、开发旅游市场，是摆在政府面前，更是摆在旅游学术界面前的一个至关重要的实践命题。然而，由于对中国居民旅游消费行为模式原创性研究的缺乏，难以给出有效的答案。本研究中旅游消费行为过程模式的提出是对这个命题的尝试性回答，希望借此为中国旅游消费模式的研究起到抛砖引玉的作用。

此外，旅游动机与旅游消费行为始终是旅游研究的前沿问题，而且具有文化痕迹和民族特性。遗憾的是，这正是我国旅游研究最薄弱的领域。因此，本研究关于旅游动机和消费模式本土化理论的建构，将显示出重要的理论价值。

二、研究内容

旅游消费是指国内外旅游者在一国（或地区）的整个旅行游览活动中为满足旅游需要而购买的各种物质产品、精神产品和服务，是总消费中的一个重要组成部分。

本研究从旅游消费的特征出发，克服一般消费行为模式的局限性，建构旅游消费行为的完整过程模式（参见图1-1）。该模式由旅游动机、旅游意愿、出游决策、信息搜寻、目的地选择、购买决策、出行安排、旅游消费过程（狭义）、消费效果评价和未来决策十个环节组成。人口统计特征、旅游消费涉入以及旅游消费环境等则对整个消费过程产生重要影响。本书将重点讨论旅游意愿、出游决策、目的地选择、旅游消费过程、消费效果评价五个重要且研究尚显不足的环节。

旅游意愿。旅游意愿是整个旅游消费行为的起点。行为意愿是指一个人对态度标的物的行为倾向，是预测行为发生的最佳指标，可以探知个人想从事某种行为的主观概率。当行为的意愿越强，也就代表个人越有可能去从事该行为。通过对意愿的测量，可增加行为预测的准确性。旅游意愿受到旅游消费意识、旅游消费涉入和其激发因素的影响。一般来说，消费涉入越强，旅游意愿就越强。旅游意愿主要由态度[①]、认知和动机等因素所激发，其中态度包括个人偏好、怀旧情感、地方依附等，认知包括目的地的形象感知、服务品质、服务价值和上次的满意度等。

---

① Engel, Blackwell, Miniard. Consumer Behavior. New York: The Drydden, 1995.

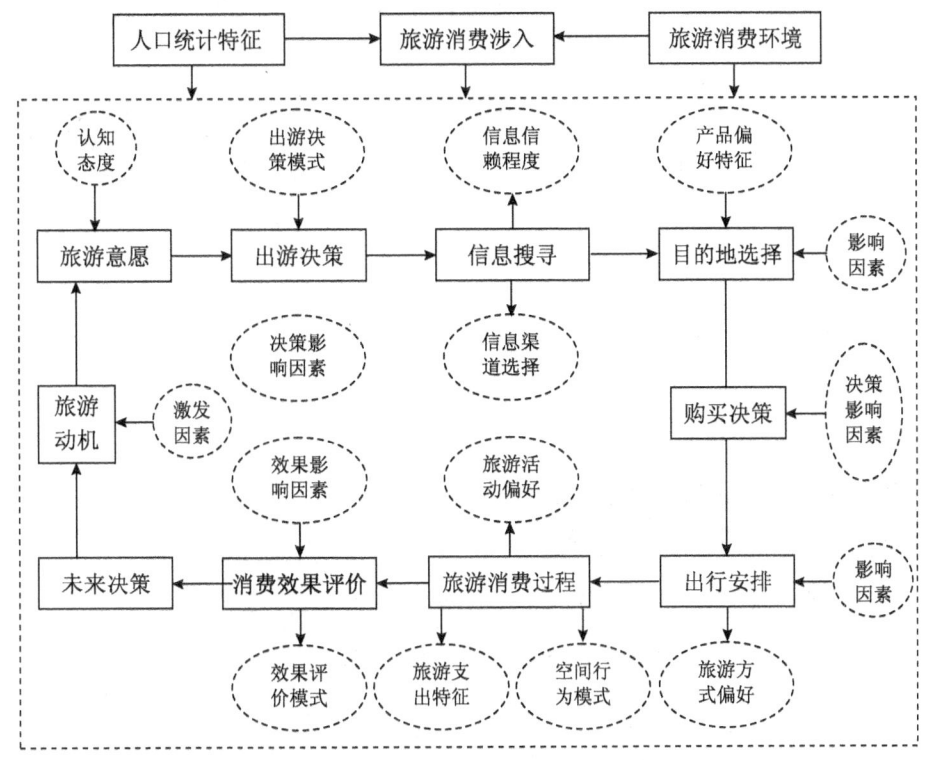

图1-1 旅游消费行为的过程模式

出游决策。出游决策是对是否出游进行的决策。影响出游决策的因素可分为个人因素和外部因素两个方面。个人因素有：可自由支配收入、闲暇时间、健康状况、工作义务、家庭义务等；外部因素有：亲戚和朋友的观点，旅游组织的营销活动，媒体的影响，国内政治经济社会技术因素、全球政治经济社会技术因素等[1]。确定了显著的影响因素及其影响系数，也就构建了出游决策模式，此乃这个环节的关键问题。

信息搜寻。当旅游消费者完成出游决策决定出游后，就开始信息搜寻。旅游活动的高花费性和服务的无形性使得决策过程具有很高的风险[2]，因为巨大风险的存在，旅游消费者会通过多种渠道积极、主动地搜寻信息，以保证决策结果的风险性最小。一般旅游消费者的信息渠道包括个人的知识积累和旅游体验形成的反馈、亲朋和邻居同事的意见、相关团体的信息以及商业性信息[3]，对这些不同的渠道旅游消费者的依赖程度也有所

---

[1] 斯沃布鲁克,霍纳. 旅游消费者行为学. 俞慧君,等译. 电子工业出版社,2004.
[2] 斯沃布鲁克,霍纳. 旅游消费者行为学. 俞慧君,等译. 电子工业出版社,2004.
[3] Engel, Blackwell, Miniard. Consumer Behavior. New York: The Drydden,1995.

不同。一般来说,对个人的知识和反馈、亲朋邻居、同事的意见依赖程度较高,而对商业性信息的依赖程度较低。

目的地选择。旅游消费是消费者向产品的移动,旅游消费者必须到产品所在地去消费,也就是说,旅游消费者首先要选择旅游目的地,这是进行旅游消费的基础。目的地选择的影响因素包括个人因素、目的地因素、相关群体因素和情境因素。个人因素主要包括个人偏好、收入水平、闲暇时间、旅游动机、个人旅游经历等;目的地因素主要包括目的地的形象感知、气候状况、旅游资源、安全状况、旅游接待设施、居民友好态度、距离、交通通达性等。在个人因素中个人偏好会对目的地选择产生非常重要的影响,于是在目的地选择过程中,会体现出产品偏好的特征。产品偏好会因地域和文化不同而呈现出不同的特征,不同的性别、年龄、文化程度对旅游目的地的偏好也存在着差异。①

购买决策。购买决策要购买的旅游产品包括两个层次,一是包价旅游产品,它是由不同部门提供的单项产品的组合,如住宿、交通、旅游度假地和旅游吸引物等,一般是由旅行社出售;二是由单个部门提供的单项旅游产品,它们可以被单独出售,例如飞机票、景区门票等。影响消费者购买行为的因素有背景因素——文化、亚文化、社会阶层,人口统计因素——年龄、家庭生命周期、职业、收入和受教育程度,心理因素——个性、需要、知觉、学习、态度,行为因素——生活方式,限制因素——参考群体、产品价格。①

出行安排。出行安排是指具体的出行方面的安排,主要包括出行的时间、在目的地逗留的时间、出行的线路、出行方式、旅伴选择、住宿等。如果旅游消费者购买了旅行社的产品,那么出行安排就由旅行社完成。而如果旅游消费者是自助旅游的话,就由消费者自行完成。旅行社的出行安排主要根据成本收益原则进行,而旅游消费者则偏重于按照自己的旅游方式偏好来安排。徐安琪对上海市民调查分析表明,在旅伴选择方面,个人独自出游的比重仅占17%,但年轻人更喜欢独立行动,而老年人参加单位、社会团体活动以及亲友同行者居多;从在目的地逗留的时间看,大多数市民偏好短途旅行;在出行方式方面,多以火车和汽车为主要交通工具,其次是飞机,而年轻人乘飞机的相对较多些,中年人驾驶私家车出游的略多些①。当然,不同地区的居民、不同时间、不同人群这些特征可能存在很大的差异。

旅游消费过程。旅游消费过程是指旅游消费者在旅游目的地进行消费的过程,包括在旅游目的地的活动安排、各项花费支出和空间行为模式,等等。旅游者在旅游目的地

---

① 徐安琪.市民旅行方式、特征、趋势及其影响因素分析.统计研究,2006(9).

的活动安排和花费支出主要包括交通、住宿、餐饮、游览、购物、娱乐和其他服务。在我国,交通、住宿和餐饮花费在总花费中所占的比重最大,而用于游览、购物和娱乐的花费只占很小的部分①。关于空间行为模式,坎贝尔(Compbell)根据目的地类型的不同,勾勒出了侗路中的游憩与度假旅行的模型。他提出的目的地类型分为大城市周边地区的放射状扩散的游憩设施、区域性非线型附加群组,以及沿公路分布的零星度假服务基地三种,进而提出出游旅行的路径模式,包括度假路径、游憩性度假路径以及游憩路径三种具有一定等级差异的空间结构②。吴必虎等人总结出中国城市居民旅游空间行为模式的特征主要表现在:中国城市居民旅游和休闲出游市场,随距离增加而衰减,80%的出游市场集中在距城市500千米的范围内;中国城市居民的出游目的地,城市多于风景名胜区,且较集中于东部沿海城市;由旅游中心城市出发的非本市居民的目的地选择范围,主要集中在距城市250千米半径圈内③。

消费效果评价。旅游消费效果的评价具有很强的主观性,个体间的差异性较大。同时,旅游消费效果的评价整体性特别强,消费者不是对单个产品进行评价,而是对整体产品进行评价,对整个旅游经历进行评价。目前关于消费效果评价的研究,主要集中在游客满意度上。大多数游客满意度形成机理研究主要是围绕游客期望、期望差异、感知质量、感知价值、旅游地形象、旅游动机等因素对于游客满意度的影响作用来展开的。目前,游客满意度测评使用的方法主要有服务质量(SERVQUAL)、服务绩效(SERVPERF)、重要性—绩效分析(Importance – Performance Analysis)三种。但是旅游消费效果评价用游客满意度来解释是欠妥当的。这是因为旅游的核心产品在于提供游客难忘的体验,旅游者所渴求的不是产品或服务,而是一种满足内心需求的体验④。因此,目的地管理者和旅游企业必须从关注"服务质量"、"满意度"转向"旅游体验品质",并通过优化旅游体验品质达成自身的目的⑤。

未来决策。消费效果的评价会对未来决策产生影响。因为本次旅游消费效果的优劣会强化或弱化以后出游的动机,进而影响未来旅游的意愿。换言之,旅游消费效果评

---

① 李一玮,夏林根. 国内城镇居民旅游消费结构分析. 旅游科学,2004(2).
② Campbell. An Approach to Research in Recreational Geography, British Colombia. Department of Geography, University of British Colombia,1966.
③ 吴必虎,等. 中国城市居民旅游目的地选择行为研究. 地理学报,1997(3).
④ Morrison. Definition of Adventure Travel: Conceptual Framework for Empirical Application from the Providers' Perspective. Asia Pacific Journal of Tourism Research,1996,1(1):47 – 67.
⑤ Bongkoo Lee. The Dynamic Nature of Leisure Experience: An Application of Affect Control Theory. Journal of Leisure Research,2002,34(3):290 – 310.

价会积淀在旅游者个体的"旅游经验"中,进而对未来的旅游动机、出游意愿以及决策产生深刻的影响。通过这一环节,把旅游消费行为的过程模式连接成一个可循环的圆圈。

本研究以我国城镇居民(以下简称"居民")为研究对象,综合应用质性分析和实证研究两种方法,深入探究旅游动机的特征和理论模式,系统分析旅游消费行为的过程模式,寻找影响旅游消费行为的核心因素和表征消费行为特性的关键指标,建构旅游消费模式的理论模型,比较分析不同模式下旅游消费行为特征及其差异,全面总结居民旅游消费行为的基本规律。具体研究内容如下:

(1)我国城镇居民的旅游动机。本部分将围绕"为什么出游"这个命题,采用访谈和开放式问卷等方法,深入探究居民出游的根本动因、激发他们出游的主要因素,归纳我国城镇居民旅游动机的主要特点和基本模式,进而为下一步研究设计问卷打基础。这部分与课题设计初始想法有一些出入。主要是因为深度访谈实施过程中,我们发现将旅游动机区分为浅层动机和深层动机很难,而且未必合适。因此,对于旅游动机探索性研究,课题组将重点放在发现新的项目上,并统合文献旅游动机的项目,来建构我国城镇居民旅游动机的量表,并通过因子分析来探究旅游动机。

(2)我国城镇居民旅游消费的基本模式。消费模式的划分必须要最能体现消费行为特征的要素。因此,本书将统合旅游消费行为的核心因素和表征消费特性的关键指标,运用聚类分析方法,科学地提炼出可以概括我国城镇居民旅游消费行为的基本模式,建构理论模型。将重点关注家庭收入、旅游消费涉入、旅游意愿、旅游动机、旅游偏好(目的地偏好和旅游活动偏好)、旅游支出特征等变量。

(3)不同消费模式的消费行为特征及其差异。首先,分析不同消费模式下的旅游消费意识、旅游休闲涉入程度、旅游消费总体支出、旅游产品偏好结构以及人口统计特点等宏观或总体层面的特征和差异。其次,探讨不同消费模式下居民旅游消费行为的差异,包括以下方面:出游决策的模式及其影响因素;信息渠道选择及其信赖程度;目的地选择过程的偏好特征和关键属性;购买决策的影响因素和决策模式;出行安排的偏好和影响因素;旅游消费过程的空间行为模式、消费支出结构和水平及活动项目偏好;消费效果评价的准则和影响因素;未来决策中的行为意向以及消费后对旅游消费意识的影响。

(4)我国城镇居民旅游消费行为的基本规律。本部分将归纳以上研究的结果,系统总结我国城镇居民旅游消费行为的基本规律。然后,诠释本课题研究的实践价值和管理意涵,根据研究结论,提出我国旅游产品开发、旅游市场拓展、旅游目的地营销的策略建议。

三、研究方法

1. 研究思路

本研究将沿着这样的思路展开研究：

（1）深入探究我国居民国内旅游消费的过程模式，重点关注国内游客涉入度高的核心环节及其影响因素，并探寻出影响国内旅游消费的主要因素和表征消费行为的关键变量，以及影响国内旅游消费提升的障碍因素。

（2）建构我国居民国内旅游消费模式的理论模型。在上述研究基础上，应用因子分析法，根据因子负荷进一步确定提炼消费模式的核心变量。然后，统合所提炼的核心变量，应用聚类分析技术建构我国居民国内旅游消费模式的理论模型，划分出基本模式类型。

（3）比较分析不同模式类型的消费行为特征及其差异。统合理论文献和本课题研究结论，编制国内旅游消费行为调研问卷。然后，进行大范围、大样本的抽样调查，利用SPSS等统计分析软件，比较分析不同模式类型的国内游客消费行为的特征差异。统合以上研究结论，系统总结我国居民旅游消费行为的主要特点和基本规律。

（4）从"制度"到"策略"层面，系统提出促进国内旅游消费、优化旅游消费结构的政策框架（引导性政策、鼓励性政策、扶持性政策和约束性政策）。然后，针对不同的国内旅游市场（刚性市场、弹性市场）、不同的消费模式群体，给出刺激旅游消费的相应政策手段：规制手段（法制、行政）、经济手段（拨款、补贴、优惠、收费、征税等）和信息手段（舆论宣传、知识教育、信息公开等）。

由于不同的经济发展阶段、不同的社会政治制度和不同的社会文化背景之下，旅游消费行为必将呈现出不同的特征和模式。因此，基于中国情境和文化背景的旅游消费理论模式的建构研究，将具有重要的理论和现实意义。

研究旅游消费模式，是政府有效开发旅游市场、激活旅游消费的理论前提。只有深入了解旅游消费模式，才能针对不同消费模式的群体，提出更加有效的市场开发策略和政策措施。在后危机时代，如何有效激活旅游消费、开发旅游市场，是摆在政府面前，更是摆在旅游学术界面前的一个至关重要的实践命题。然而，由于缺乏对中国居民旅游消费行为模式的原创性研究，难以给出有效的答案。本研究中旅游消费行为过程模式的提出是对这个命题的尝试性回答，希望借此为中国旅游消费模式的研究起到抛砖引玉的作用。

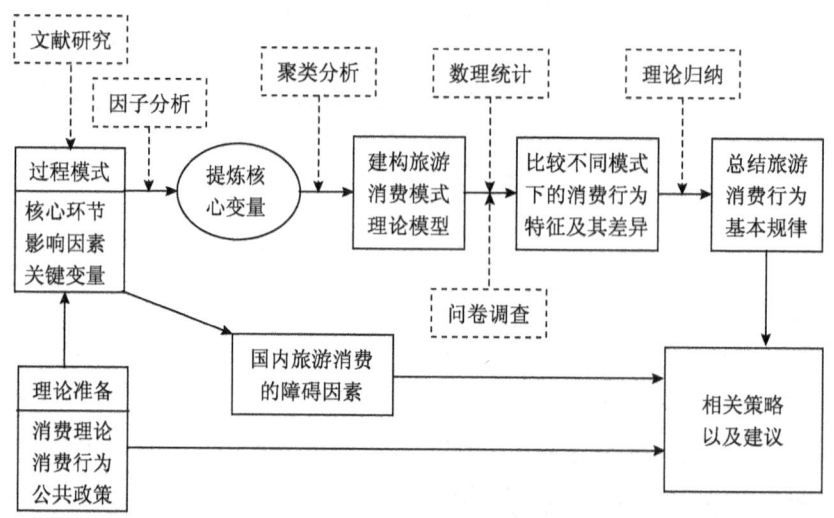

图1-2 旅游消费模式提炼的技术路线

2. 研究方法

本研究主要采用SPSS16.0对数据进行分析,具体包括以下分析方法:

首先,对各变量进行描述性统计分析,主要包括频数分析、百分比分析、最大值、最小值、平均数以及方差等,用以了解受访者的基本资料和旅游消费行为的概况。

其次,对旅游消费行为的核心变量,包括旅游动机、旅游涉入和旅游态度等,进行探索性或验证性因子分析,然后对测量这些变量的量表的信度进行验证,并在此基础上得出各构面的平均得分。所谓因子分析,是一种降维、简化数据的技术,通过研究众多变量之间的内部依赖关系,探求观测数据中的基本结构,并用少数几个"抽象"的变量来表示其基本的数据结构,几个抽象的变量被称作"因子",能反映原来众多变量的主要信息。所谓信度分析,指问卷的可靠性与有效性分析,具体为每一个量表是否测量同一个概念,同时,组成量表题项的内在一致性如何,我们在这里使用的信度测量方法为克隆巴赫(Cronbach's alpha)系数。

再次,使用非参数统计"参照单位分析(Ridit分析法)"对"各种景观的感兴趣程度"和"旅游目的地考量因素"的重要性进行排序,从而得出我国城镇居民对各种旅游景观和旅游目的地的偏好程度。实际中,经常需要对抽象概念的强弱进行比较,通常的做法是采用编制量表进行评分,但要从顺序数据中获得定距或定比数据的信息是很难的,因为单纯应用定距分级或评分进行处理强弱的比较,数据量的关系可能与客观实际不符。因此,需要根据数据的基本结构重新计算量表评级,从而做出更客观的评价。参照单位分析是布洛斯(Bross)于1958年提出的一种与分级或评分无关的非参数检验法,有时也称为单位分析法,它的基本原理是,取一个样本数较多的组或将几个组数据汇总成为参照组,根据参照组的样本结构将原来各组响应数变换为参照得分——Ridit 得分,利用变换后的 Ridit 得分进行各处理之间强弱的比较①。

再次,依据旅游动机、旅游涉入和旅游目的地选择偏好所提取的 11 个因子进行聚类分析,从而得出我国城镇居民旅游消费行为的三种基本模式。聚类分析是将没有分类信息的资料按相似程度进行分析,包括快速聚类法(K-Means 聚类法)和系统聚类法(Hierarchical 聚类法)。本研究采用 K-Means 聚类法,原因是本研究样本数较多,系统聚类法聚类效果不明显。K-Means 法是麦昆(MacQueen)在 1967 年提出来的,这种方法的基本思想是将每一个样本分配给最近中心(均值)的类中,具体的算法至少包括以下三个步骤:(1)将所有的样本分成 K 个初始类;(2)通过欧几里得聚类将某个样本划入离中心最近的类中,并对获得样本与失去样本的类,重新计算中心坐标;(3)重复步骤(2),直到所有的样本都不能再分配时为止。② 方差分析,用于进行两组及多组间样本均数的比较,即成组设计的方差分析,如果做了相应选择,还可以进行随后的两两比较,即各组均数的差异在统计学上是否是显著的。交互分析,主要指对两个分类变量进行列联分析,从而统计出交互的频数、行列百分比等数据。卡方检验,用于判断行、列是否独立,本研究采用似然比卡方值。

最后,为了进一步研究这三种基本消费模式与旅游态度、喜欢的旅游景观的类型、不同人口统计变量之间的关系,本研究利用方差分析和交互分析方法在三种基本消费模式与态度、景观类型、不同个体属性的样本之间进行差异显著性检验,为我国城镇居民国内旅游市场的划分和市场营销策略制定提供科学、客观的合理依据。

3. 研究过程

本研究采用方便抽样的方法,调查对象为我国城镇居民,样本覆盖到全国各个地区。首先,我们抽取了 100 人进行了前测,目的是用以对量表进行维度分析与修订。做探索性因子分析(exploratory factor analysis),对原本收集到的问卷分析其构面,结果发现除"旅游动机"量表外,其他量表均具有较好的信度和结构效度,其中,旅游动机量表有 6 个题目的区分效度不佳(在多个构面都具有较高的因子载荷),它们分别是"3. 增长见识,开阔眼界"、"5. 最近旅游很流行,周围的人大多都去旅游,我也随大流"、"8. 远离城市的嘈杂"、"17. 促进身体健康"、"22. 圆自己的梦"和"28. 购物",故将它们删除,然后重新进行

---

① Bross. How to Use Ridit Analysis. Biometrics,1958,14:18-38.
② MacQueen. Some Methods for Classification and Analysis of Multivariate Observations. Proceedings of the Fifth Berkeley Symposium on Mathematical Statistics and Probability,1967,1(281-297):14.

探索性因子分析,结果表明修订后的旅游动机量表具有较好的信度和效度。

在本研究正测阶段,我们在黑龙江省、辽宁省、山东省、四川省、湖南省、河南省、广西壮族自治区、云南省、广东省、陕西省、甘肃省等地区共发放问卷2500份。我们采用80法则,即有80%题目不填,即视为无效问卷,并通过目测剔出了一些无效问卷,最终有效问卷为2296份,回收率为91.84%,这2296份样本将进入最后分析。

4. 样本概况

(1)性别。依受访者性别分布状况分析,女性1232位(53.66%),男性1061位(46.21%),样本的男女比例较为协调。

(2)年龄。在年龄层结构分布上,以35～44岁者633位(27.57%)居首,25～34岁503位(21.91%)次之,25岁以下484位(21.08%)排第三,45～54岁有482位(20.99%),最后为55岁以上为191位(8.31%),这说明我国城镇居民的旅游主体为55岁以下的居民,占到了调查总数的91.69%。

(3)受教育程度。就样本的受教育程度而言,大学学历者有1310位(57.06%)居首,中专或高中学历者有569位(24.78%)次之,研究生及以上学历者有175位(7.62%)居第三,最后为初中及小学学历者209位(9.10%)。结果显示,除研究生及以上学历外,我国城镇居民旅游者的数量随着受教育程度的提升而有所增加,其中大学本科及以上学历的受访者比例达64.7%,说明受访者的受教育程度偏高。

(4)健康状况。就受访者的健康状况而言,选择好和很好的分别为952人(41.46%)和779人(33.93%),选择普通的有476人(20.73%)。这说明受访者的健康状况普遍良好。

(5)近三年平均月收入。调查结果显示,受访者以平均月收入1001～2000元616人(26.83%)居首,2001～3000元538人(23.43%)次之,其次为3001～4000元321人(13.98%)、1000元以下306人(13.33%)、4001～5000元196人(8.54%)及5001～7500元118人(5.14%),最后为7501～10000元和10000元以上者分别有83人(3.61%)和89人(3.88%)。其中,近三年平均月收入为5000元以下者占86%,这说明平均月收入为中低水平的受访者占绝大多数,但不容忽视的是,月收入在5000元以上的受访者也占有相当的比例,共有290人,占调查样本总数的12.63%。

(6)职业。在职业方面,国有企业和事业单位人数居多,分别为396人(17.25%)和346人(15.07%),公务员和私人企业员工次之,分别为261人(11.37%)和256人(11.15%)。

(7)婚姻状况。依受访者婚姻状况分布分析,最小子女在6～18岁之间的受访者有601位(26.18%),居于首位,然后依次为未婚者596位(25.96%),已婚尚未有子女者

282(12.28%)、最小子女超过 18 岁者 263 人(11.45%)、最小子女不满 6 岁者 243 位(10.58%),最后为子女都已经独立者 222 位(9.67%)和其他 75 位(3.27%)。

(8)居住情形。依受访者居住情形分布状况分析,以与配偶+子女同住者 901 位(39.20%)居首,三代同堂者 454 位(19.77%)次之,仅与配偶同住者 311 位(13.55%)第三,其次为独居者 268 人(11.67%)、单亲家庭者 70 位(3.05%)。其他居住情形的为 286 人(12.46%)。

(9)居住地。依受访者居住地分布状况分析,我们分别在长沙收回有效问卷 202 份、成都 201 份、哈尔滨 300 份、深圳 214 份、沈阳 191 份等。

表1-2 受访者基本资料

		频数	百分比			频数	百分比
年龄	25 岁以下	484	21.08%	性别	男	1061	46.21%
	25~34 岁	503	21.91%		女	1232	53.66%
	35~44 岁	633	27.57%	平均月收入(最近三年)	1000 元以下	306	13.33%
	45~54 岁	482	20.99%		1001~2000 元	616	26.83%
	55~64 岁	125	5.44%		2001~3000 元	538	23.43%
	65 岁以上	66	2.87%		3001~4000 元	321	13.98%
居住情形	单亲家庭	70	3.05%		4001~5000 元	196	8.54%
	三代同堂	454	19.77%		5001~7500 元	118	5.14%
	独居	268	11.67%		7501~10000 元	83	3.61%
	与配偶+子女	901	39.20%		10000 元以上	89	3.88%
	仅与配偶同住	311	13.55%	婚姻状况	未婚	596	25.96%
	其他	286	12.46%		已婚尚未有子女	282	12.28%
受教育程度	小学	57	2.48%		最小子女不满 6 岁	243	10.58%
	初中	152	6.62%		最小子女在 6~18 岁之间	601	26.18%
	中专或高中	569	24.78%		最小子女超过 18 岁,但尚未独立	263	11.45%
	大学	1310	57.06%		子女都已独立	222	9.67%
	研究生及以上	175	7.62%		其他	75	3.27%

续表

		频数	百分比			频数	百分比
职业	公务员	261	11.37%	居住地	长沙	202	8.80%
	国有企业员工	396	17.25%		成都	201	8.75%
	外资企业员工	110	4.79%		大庆	96	4.18%
	学生	215	9.36%		广汉	88	3.83%
	私企员工	256	11.15%		广西	264	11.50%
	事业单位员工	346	15.07%		哈尔滨	300	13.07%
	个体户或自由职业者	180	7.84%		湖南娄底	25	1.09%
	退休人员	133	5.79%		攀枝花	95	4.14%
	军人/警察	55	2.39%		山东	94	4.09%
	教育和科研单位人员	153	6.66%		深圳	214	9.32%
	其他	178	7.75%		沈阳	191	8.32%
健康状况	很好	779	33.93%		西安	78	3.40%
	好	952	41.46%		铜川	37	1.61%
	普通	476	20.73%		云南	100	4.36%
	差	54	2.35%		郑州	311	13.55%
	很差	4	0.17%				

注：不足2296为数据缺失值。

第二章　旅游消费的理论评述

一、旅游消费的内涵与特点

1. 旅游消费的内涵

在经济学中,消费通常被定义为人们在物质资料和劳务的生产和生活中,对物质产品和劳动力的消耗过程,包括生产消费和生活消费。人们通过对各种劳动产品的使用和消耗,满足其多方面的需要,以实现人本身的生产和再生产的过程和行为。消费既是人们消耗各种消费资料(包括劳务)的生物、生理的自然过程,又是人们之间发生一定关系的社会过程。卢嘉瑞认为,随着被消费物的复杂化及文化等非物质要素的逐渐重要,"消耗"不能代表全部的消费行为,因此他将消费重新定义为"消费是人们为了满足生活需要而对消费资料的消耗、享用、享受、观赏以及支配权和使用权"[①]。

旅游消费则是指国内外旅游者在一国(或地区)的整个旅行游览活动中为满足旅游需要而购买的各种物质产品、精神产品和服务,是总消费中的一个重要组成部分。通常,人们为了满足个人生活需要,必然消费各种物质资料。在这些消费中,包括基本生存需要和发展与享受需要消费两个方面。旅游消费主要是为了满足人们精神享受的一种高层次的消费活动,它属于个人消费的范畴。旅游消费的过程,不仅是旅游者获得精神、物质享受的过程,也是旅游者增长见识、扩大视野,使体力和智力得到充分的发展,提高旅游者素质的一条重要途径。

旅游消费是综合性很强的消费,可以将旅游活动中的消费分成"吃、住、行、游、购、娱"等六个方面。其中,餐饮、住宿、交通等方面的消费是满足旅游者旅游过程中生理需要的消费,是旅游活动所必需的而又基本稳定的消费,一般称为旅游基本性需求消费;游览、娱乐、购物等过程则是满足旅游者旅游过程中发展和享乐需求的消费,是并非每次旅

---

① 卢嘉瑞. 消费经济理论与实践研究. 河北人民出版社,2007.

游活动都需要的且具有较大弹性的消费,一般称之为旅游非基本性需求消费。在旅游活动过程中,这两种消费相互交错,很难严格划分它们之间的区别和界限。从旅游消费资料的形态出发,可分为实物消费和劳务消费。实物消费指旅游过程中所消耗的物质产品,如客房设备、客房用品、食品、饮料等实物资料。劳务消费则指旅游过程中所消耗的活劳动,如交通运输服务、导游服务、饭店服务、餐饮服务,等等。

2. 旅游消费的特征

正因为旅游消费是通过顾客移动(而不是产品移动)来交易和消费的,所以使其呈现出与汽车、房产、耐用品等日常消费完全不同的特点,具体表现在以下十个方面:

旅游消费是最终消费。经济增长的原动力发端于最终消费。旅游者在旅游过程中的各种消费,都处于不同产业链的最终端,因而是一种最具拉动力的消费,是刺激需求、保持增长的有力途径。2013年中国的旅游总收入达到了2.94万亿元。这当中,国内旅游消费部分是26276亿,这个数字占当年社会消费零售品总额的比例是11%。2013年,中国农村居民和城镇居民的旅游消费支出中,旅游消费分别占到其消费支出总额的7%、10%左右。在居民的消费支出中,旅游占到了相当的比重。

旅游消费是综合性消费。旅游活动包含食、住、行、游、购、娱六大要素。旅游活动的综合性,决定了旅游消费是一种熔各种物质消费、服务消费与精神消费于一炉的综合性消费。旅游消费对象既包含着物质的因素,也包含着精神的成分;既有实物产品,又有活劳动表现出的服务;既有劳动产品,又有非劳动的自然创造物。由于旅游消费与交通、住宿、餐饮、商业、景区景点等行业直接相关,因此具有很强的波及效应和倍增效应,涉及工业、农业以及信息、金融、保险、医疗、环保等行业和门类,直接和间接影响的细分行业多达100多个。据世界旅游组织测算,旅游收入每增加1元,可带动相关行业增收4.3元。由此可见,旅游消费业具有"四两拨千斤"和"牵一发而动全身"的特殊功能,是启动、扩张社会总消费的有效途径。

旅游消费是多层次消费。首先,旅游消费兼具"基本消费"和"非基本消费"的特点,旅游产品具有"必需品"和"奢侈品"双重属性。从"必需品"来看,某些旅游需求价格弹性小,能够保证相对稳定规模的有效需求;从"奢侈品"来看,某些旅游需求价格弹性大,能够随着人们可支配收入的提高而迅速增长,是扩大总有效需求的潜力所在。其次,旅游活动在形式上的灵活性和内容上的多样性,使得旅游消费在消费的类型、方式、水平、数量上都具有多层次性。只要有出游愿望,就可以根据自身的经济实力和时间许可,选择从几十元到上千元乃至数万元的旅游产品,能够适应不同收入水平、不同偏好、不同国家和民族的各类人群的需求。即使预期收入有所下降,人们仍然能够通过降低标准进行旅游消费。特别是如果能够和个人素质的提高相结合,旅游消费甚至会增加。因而,具有广泛的适应性和巨大的增长潜力,对于扩大居民消费支出、改善居民消费结构、促进消费升级具有重要意义。

旅游消费是可重复性消费。旅游消费与房地产、汽车以及其他耐用品的消费不同,旅游消费具有可重复性,旅游消费的促进空间较大。家庭通常买一辆车要用十来年,买一套房子要住一二十年或更长时间,但是旅游可以反复消费。目前发达国家的人们每年出游次数一般在4次以上,而国内居民即使是城镇居民每年出游次数也还不到3次,消费潜力较大。旅游消费是人们进入小康乃至富裕阶段之后更高级的人的自由和全面发展的必然反映,它将持续地贯穿在人们真正意义上的日常生活和闲暇活动之中。今后中国人出游频率会逐步提高,旅游消费也将随之增加,并在人们消费支出中占据更大的比例。

旅游消费是体验性消费。旅游是一种体验,这种体验始于消费产品之前,并延续到产品消费之后。整个体验过程可被划分为如下几个阶段:访问之前的期望阶段——期盼着访问将带来所期待的快乐;前往目的地的旅行阶段——力求尽可能方便、快速地到达目的地;在目的地度过的阶段;返程旅行阶段;回程后的追忆阶段。

旅游消费是异地性消费。旅游消费的异地性基于这样一个经济现实,即旅游者将自己在所参观的目的地之外挣的钱,用于在目的地的消费。对于旅游目的地而言,旅游者应具有"非居民"身份。这个"非居民"身份是针对"个体的经济利益中心"而言的,意味着旅游者离开了他的"个体的经济利益中心"。旅游消费的异地性的经济意义在于旅游消费对旅游目的地的影响将远远超过对旅游者的惯常环境。而旅游消费的异地性又决定了旅游消费的高风险性,旅游消费的高层次性又决定了旅游消费购买必然很谨慎。正是因为旅游消费的异地性,也使得旅游消费表现为一种流动性消费,是沿着旅游线路的延伸而在不同地点进行的散点式消费。这种流动性特性,使得旅游消费不仅能够拉动不同产业的增长,而且能拉动不同地区的经济增长,有利于国民经济在不同区域间的均衡发展。

旅游消费是波动性消费。旅游消费的季节性明显,对突发事件比较敏感。首先,旅游消费整体上存在很大的季节波动性。这种波动性与人们闲暇时间的分布和气候等因素相关。为了削弱波动,节事营销、活动营销、促销变成旅游营销的经常模式。其次,旅游消费还相对脆弱、敏感,易受经济政治局势突变、汇率变化、疫病、战争等许多因素的影响。

旅游消费是发展性消费。旅游消费是人们进入小康乃至富裕阶段之后较高层次需要的表现形式,是新型的高级消费形式,不仅仅可以拉动内需,还可以提高居民的生活品质,可以提高居民的素质等,这些都是在经济功能之外非常广泛的社会功能。正是因为这个原因,中国很多地方的政府高度重视发展旅游产业,促进旅游消费,目前已经有23个省、自治区、直辖市把旅游业作为自己的支柱产业,或者是主导产业、龙头产业,河南更在2009年明确提出了旅游立省的大战略。在当前应对金融危机,我们要促内需、调结构、保增长、保民生的背景下,旅游业越来越多地上升为国家的需求和战略。

旅游消费是交互性消费。在一般物质产品的生产和再生产过程中,生产、交换、消费是三个独立的环节,先有生产,然后才有交换和消费。由于旅游产品的不可转移性,无形的旅游服务不能运输,因而在旅游产品交换过程中,不发生旅游产品在空间与时间上的转移,而是旅游者亲自到旅游产品生产地来进行消费。由于服务的提供必须以旅游者的存在即旅游者的实际购买为前提,因此旅游服务的提供也就是旅游产品的生产过程和交换过程,同时也是旅游产品的消费过程。因此,旅游产品生产、交换和消费在时间上和空间上都是统一的。在这一过程中,一方面,员工直接参与产品的生产和销售,并且成为产品的一部分,他们的态度和行为会直接影响到顾客对产品的喜好;另一方面,顾客也参与生产过程,其态度和行为,不仅会影响自己的体验,也会影响其他顾客的体验。摆在旅游企业人员面前的难题是,这些影响因素的大部分,他们无法控制,也难于预测。

旅游消费是可持续性消费。旅游主要依托自然风光、人文古迹、民族风情等资源,与工矿业比几乎没有原料耗费,只要组织管理得当,旅游消费就可以成为环境友好型、资源节约型消费,具有多次消费、重复消费、绿色消费等多重特性,因而是一种不太受资源与环境制约的可持续性消费,具有长期增长的现实可能。具体表现在:旅游消费资源消耗少、环境成本低,一般不会对资源和环境产生直接的硬消耗,有利于自然文化资源和生态环境的永续利用;二是发展旅游可以替代部分资源消耗大、污染重的传统产业,从而减轻污染排放、减少生态破坏;三是发展旅游消费可以为生态脆弱的贫困山区的环境保护提供必要的资金支持;四是发展旅游消费可以增强地方政府和当地群众的生态环境保护意识。

3. 旅游消费与日常消费的差异

目前,国内外旅游消费行为理论模式的建构,多数存留传统消费行为理论模式的痕迹。其中,大多数采用 E-K-B 模式作为其主要理论依据来源。然而,传统消费行为模式是从日常消费行为出发,而旅游消费行为与一般日常消费行为存在很大差异,比如,购买决策并不是消费终点,具体的出行安排、旅游消费过程等都是不可或缺的一环。因此,旅游消费行为理论模式的构建,不能简单套用传统消费行为的理论模式,而必须基于旅游消费的特殊性分析,来构建旅游消费行为的理论模型。

首先,传统消费行为理论模式以产品和传媒等外界刺激为起始点,无法呈现旅游意愿对旅游消费行为产生的重要性。传统消费行为的三种代表性理论模式(Nicosia 模式、Howard-Sheth 模式和 E-K-B 模式),都是以外界刺激为消费行为研究的起始点。尼科西亚(Nicosia)模式引发变量是广告信息[1];霍华德-谢思(Howard-Sheth)模式引发变量是刺激或投入变量[2];E-K-B 模式第一部分是讯息输入[3]。可见,传统消费行为模式是从企业的营销开始,由营销引起动机,进而发生消费行为。但是,旅游消费是完全不同于一般日常消费的特殊行为。旅游消费的发生,虽然也会受到旅游企业营销手段的影响,但是最重要的还是旅游意愿的推力作用。当个人产生强烈的旅游意愿时,旅游者才会主动、积极地搜寻信息,这时旅游企业的营销手段才能真正发挥作用。因此,旅游消费行为的过程模式应当体现旅游意愿的作用。

其次,传统消费行为的理论模式对消费行为过程缺乏深入分析,而这恰恰应作为旅游消费行为研究的重点领域之一。Nicosia 模式、Howard-Sheth 模式以及 E-K-B 模式对消费行为过程的分析,或是简单提及,或是根本就没有论及。总之,传统消费行为理论模式并不重视消费行为过程这一环节,这与一般消费行为的特点有关。然而,旅游消费行为过程不仅跨越时间长,涉及众多二次决策和买卖双方的再次谈判(比如,自愿性消费项目,行程更改),而且也是决定旅游消费效果的关键因素。总之,消费行为过程构成了旅游消费行为的重要特征,因此,旅游消费行为的理论模式应对其加以深入分析。

因此,为了构建旅游消费行为的理论模式,我们有必要将旅游消费与日常消费进行对比分析,以便阐述清楚旅游消费行为的特殊性,进而为构建理论模式奠定良好的基础。两者的比较结果参见表 2-1。

---

[1] Nicosia. Advertising Management, Consumer Behavior, and Simulation. Journal of Advertising Research, 1968, 8(1): 29-37.
[2] 柯青. 网络消费者购买行为模式研究. 华东师范大学硕士学位论文, 2004.
[3] Engel, Blackwell, Miniard. Consumer Behavior. New York: The Drydden, 1995.

中国旅游消费行为模式研究

表2-1 旅游消费与日常消费的比较分析

项目	旅游消费	日常消费
购买决策	购买决策不是消费终点,要做一系列决策	购买决策通常是终点,只做一次决策
消费对象	消费对象不是特别明确,综合性强	消费对象明确
交易形式	商品不动,消费者向商品移动	商品向消费者移动
忠诚度表现	基本上表现为情感忠诚	行为忠诚和情感忠诚都很重要
个体差异性	个体差异较大	个体差异较小
是否排他	往往不具排他性	通常具有排他性

其一,旅游消费的购买决策不是消费终点,旅游消费要做的是一系列决策,而不是一次性决策。对一般消费品而言,购买决策往往是购买的终点,做完购买决策后发生购买行为,消费过程往往就此结束,在整个过程中只做了一次性决策。然而,旅游消费的购买决策有着明显的不同。购买决策是起点,因为在购买决策完成后,一系列的决策接踵而至:出行安排决策、住宿决策、购物决策、景区景点决策、娱乐活动决策,等等。

其二,旅游消费的对象构成极其复杂,综合性极强。一般消费的对象十分明确。购房的对象是房,买车的对象是车。消费对象极其容易分辨,有很强的指向性。但旅游消费的对象却极其复杂。凡是旅游者为旅游和在旅游中而产生的花费都属于旅游消费的范畴,因此,旅游消费既包括旅游前用于信息搜寻、物品准备等方面的支出,也包括在旅游中用于吃、住、行、游、娱、购等方面的支出;既包括实物消费,又包括服务消费;既包括生存性消费、享受性消费,也包括发展性消费①。

其三,旅游消费是消费者向商品移动,而不是商品向消费者移动。这是由旅游的内涵本质所决定的。旅游是指个人以前往异地追求愉悦为主要目的而度过的短暂经历②,正是旅游的异地性特征要求消费者必须向商品移动,如果消费者不向商品移动,旅游就不存在。正是这种通过顾客移动来完成交易的方式,使得旅游消费不仅包含最初想要购买的"东西",也包括很多"日常消费"的内容。

其四,旅游消费顾客的忠诚度较少地体现在行为忠诚层面(即重复购买),而体现为情感忠诚度。忠诚度主要分为行为忠诚度和情感忠诚度,一般消费者忠诚度两个方面都有所体现,尤其是以行为忠诚更为明显。旅游消费者忠诚度却更多地表现在情感忠诚方

---

① 宁士敏. 中国旅游消费研究. 北京大学出版社,2003.
② 谢彦君. 基础旅游学. 中国旅游出版社,2004.

面。旅游者从一次旅游经历中获得满意后,往往会向亲朋好友推荐,而不选择再次前往目的地旅游,一方面是因为旅游花费大,不仅是花费金钱,而且花费时间、消耗体力和精力;另一方面是因为旅游追求的是新奇,而旅游者对游玩过的目的地相对地好奇心减弱,新鲜感不强,旅游需求下降。所以不宜用重游率来衡量旅游者的忠诚度。

其五,旅游消费的效果存在极大的个体差异。对于购买一般消费品的人们来说,由于商品的物化形态和实际效用的存在,决定了消费者对商品的评价具有一定的客观性,消费者对消费效果的评价也不会有太大的不同。但旅游消费的效果则因人而异。不同的旅游者对于相同旅游消费行为会因所处情境不同和涉入程度不同而有不同的评价。因此,旅游消费的效果评价具有一定的主观性。所以我们常常看到,即使是同到一处旅游的人,回来后在谈起旅游的感受时,也竟然会有天壤之别。

其六,旅游消费在一定限度内(比如在合理的旅游容量之内),具有非排他性。不同旅游者对同一消费对象的消费并不完全地相互排斥,是可以同时进行的,这是与一般消费不同的地方。许多旅游者可以一起观赏自然风景,共同参与娱乐活动。于是这种不排他性使得控制景区容量就显得十分重要。

二、旅游动机

旅游动机是人们进行旅游活动真正的原因[1],是诱发消费者产生旅游行为的原动力。

旅游动机一直是西方旅游学术界最关心的基本问题之一,研究已相当深入。大致归为两类:规范研究和经验研究。规范研究又分为社会心理学派和社会学派。前者包括需求层次理论[2]、内在动机理论[1]、动态平衡与心理失衡和好奇心[3]三个方面;后者可归结为推—拉模型[4]、寻求真实性、社会学中心[5]和旅游现代性[6]等四个研究视角强调旅游动机受制于社会结构和文化背景等因素。

经验研究方面,早期主要是通过访谈或调查,汇总、罗列出动机类型[3];后来研究重在

---

[1] Iso‑Ahola. Toward a Social Psychological Theory of Tourism Motivation:a Rejoinder. Annals of Tourism Research, 1982,9(2):256-262.
[2] Pearce. The Ulysses Factor:Evaluating Visitors in Tourist Settings. New York:SpringerVerlag, 1988.
[3] Crompton. Motives of Visitors Attending Festival Events. Annals of Tourism Research,1997.
[4] Dann. Ego‑enhancement and Tourism. Annals of Tourism Research,1977.
[5] Cohen E. Toward Sociology of International Tourism. Social Research,1972.
[6] Famal,Lee. Integrating Micro and Macro Approaches to Tourist Motivations:Toward an Interdisciplinary Theory. Tourism Analysis,2003,8(1):47-59.

揭示旅游动机的结构与维度①;也有学者探讨具体旅游活动的动机②;有的学者针对目的地来研究旅游动机③。比较受推崇的理论成果包括:(1)丹恩(Dann)提出的"推—拉"模型,他首先将托尔曼(Tolman)理论应用到旅游研究中并提出了旅游动机的推—拉理论,其中推的因素是指由于不平衡或紧张引起的动机因素或需求,它促使旅游愿望的产生,拉的因素和特征与吸引物及目的地自身属性相联系,由旅游者对目标属性的认识所产生,从而影响目的地的选择。国外还有些学者在推拉理论基础上进行了进一步的分析。④(2)麦景图(Mclntosh)和古朴塔(Gupta)提出四类动机:生理动机、文化动机、人际动机、地位和声望动机⑤。(3)盖瑞(Gray)提出休闲旅行的两种内驱力:追求漫游(Wandlust)和追求阳光(Sunlust)⑥。(4)艾泽欧－阿赫拉(Iso－Ahola)提出"寻求—逃逸"模型:艾泽欧－阿赫拉(Iso－Ahola)提出旅游休闲行为两类基本的驱动因素,即逃避和寻求。⑦ 随后艾泽欧－阿赫拉(Iso－Ahola)和曼尼尔(Mannel)提出两种主要的推动型和拉动型因素,即个人因素和人际因素⑧。(5)古森斯(Goossens)提出享乐旅游动机模型,模型的左边表示旅游者的需求和动机,即推的因素,如逃脱日常环境、地位、放松、增进友谊等;模型右边表示旅游者面对的情境变量,即拉的因素⑨。古森斯(Goossens)特别强调推和拉的联系,认为推和拉是一个动机硬币的两面,在旅游者的大脑中紧密融合。

　　国内旅游动机研究起步较晚,总体而言,前期偏向于经验研究,研究内容多集中于对旅游动机的分类,随着定量研究方法被引入到旅游动机研究中来,研究者们初步研究了具体细分市场的旅游动机、旅游动机的影响因素等相关问题,研究结果也更具有实用价值。

　　国内关于旅游动机分类的研究中比较有代表性的是:谢彦君等合作调查研究了英国赴华度假旅游市场,得出了八种旅游动机:山水风光游、健身旅游、文化艺术旅游、城市购

---

① Lee,Crompton. Measuring Novelty Seeking in Tourism. Annals of Tourism Research,1992,19(4):732－751.

② Lee C. K.,Lee Y. K.,Wicks B. E. Segmentation of Festival Motivation by Nationality and Satisfaction. Tourism Management,2004,25(1):61－70.

③ Kozak. Comparative Analysis of Tourist Motivations by Nationality and Destinations. Tourism Management,2002,23(3):221－232.

④ Dann. Ego－enhancement and Tourism. Annals of Tourism Research,1977.

⑤ Mcintosh,Gupta. Tourism:Principles,Practices,Philosophies. Columbus,Ohio:Grid. Inc,1977.

⑥ Gray. Wanderlust and Sunlust Types. Cited in N. Leiper. Tourism Management,1970:40－41.

⑦ Iso－Ahola. Toward a Social Psychological Theory of Tourism Motivation:a Rejoinder. Annals of Tourism Research,1982,9(2):256－262.

⑧ Mannell,Iso－Ahola. Psychological Nature of Leisure and Tourism Experience. Annals of Tourism Research,1987,14(3):314－331.

⑨ Goossens C. Tourism Information and Pleasure Motivation. Annals of Tourism Research,2000.

物观光娱乐、访古旅游、社会旅游、美食旅游和探寻城市生活旅游[①];吴必虎等通过对上海市民出游动机的研究总结出了六种旅游动机:身心健康动机、怀旧动机、文化动机、交际动机、求美动机、从众动机。在对旅游动机激发的研究中分析了以下九种旅游动机:观光动机、娱乐消遣性动机、文化型动机、医疗保健动机、家庭和人际交流动机、尝试体验动机、地位与声望动机、宗教型动机、寻根型动机[②]。张卫红将旅游动机划分为5个层次,由低到高的顺序分别为放松层次、刺激层次、关系层次、发展层次及实现层次,并指出,绝大多数旅游者的旅游动机仍处于初级的放松层次[③]。杨雁从心理学的角度出发,把旅游动机分为自然性动机、精神动机、社会性动机三类[④]。娄世娣通过对旅游动机详细分析,总结出六种一般旅游动机:扩展和更新生活的旅游动机、寻求广义人类之爱的旅游动机、逃避现实的旅游动机、好奇探索的旅游动机、健康娱乐的旅游动机以及社会交往的旅游动机[⑤]。除了专业论文中有关对旅游动机的分类研究外,一些学者还在旅游专业教材中提出了自己的见解。孙喜林在其编写的《旅游心理学》中指出旅游动机主要分为以下六种:健康、娱乐的动机,好奇探索的动机,审美的动机,社会交往的动机,宗教信仰的动机,商务动机[⑥]。在屠如骥主编的《旅游心理学》中,将旅游动机细分为九种:出自求实的动机,出自求新的动机,出自既求实又求新的动机,出自求名心理的动机,出自求美心理的动机,出自好胜心理的动机,出自爱好心理的动机,出自求知心理的动机,出自访古寻友、追宗归祖的心理动机[⑦]。沈祖祥将旅游动机分为健康的动机、娱乐的动机、时髦的动机、自我的动机[⑧]。

纵观国内外旅游动机学术文献,旅游动机方面的研究存在以下三点不足:其一,关于旅游动机缺乏达成共识的一般模式,充满了难以解释的疑惑,这是因为学者们对动机的理解未处于同一层级上,有的探究内在驱动力、有的动机项目则属于行为范畴、有的则属于目的地或产品属性,因此,旅游动机研究面临系统整合难题;其二,研究方法存在缺陷,穷举法罗列作为国内外旅游动机研究的主流方法,实际上难以深度透视旅游动机,因此无法离析人们出游的根本动因和发生机制;其三,关于无意识动机缺少系统、完整的研

---

① 谢彦君. 按需求特征细分英国赴华度假旅游市场. 旅游学刊,1994(5).
② 吴必虎. 中国城市居民旅游目的地选择行为研究,地理学报,1997(3).
③ 张卫红. 旅游动机定量分析及其对策研究,山西财经大学学报,1999(4).
④ 杨雁. 旅游动机的行为研究,渝州大学学报,2002(4).
⑤ 娄世娣. 旅游动机及其激发,经济经纬,2002(1).
⑥ 孙喜林. 旅游心理学,东北财经大学出版社,2002.
⑦ 屠如骥. 旅游心理学,南开大学出版社,1986.
⑧ 沈祖祥. 旅游心理学,福建人民出版社,2009.

究。从文献可以看出,有研究人员试图在做,如张晓燕、张善芹、马勋将自驾车旅游的动机分成隐形动机和显形动机,认识到无意识动机是隐藏在意识后面的更为重要的动机①。但是局限在驾车旅游的范围之内,有很大局限性。此外,对于旅游动机,研究人员从不同的角度提出不同的观点,目前的研究尚处于零散局部分析阶段,还缺乏一个共同的分析系统框架。"这类研究都只是一种针对某个国家或地区社会的短期消费现象描述,并不具备作为一种规律性方法工具所要求的普适性特征。"②

三、旅游消费模式

旅游消费模式是一定时期旅游消费的综合体现,主要表现在消费方式、消费结构、消费水平、消费趋势等方面,反映旅游消费行为的普遍规律和一般特征。它既是个体的消费方式,亦反映群体的消费特征。

国外缺乏关于旅游消费模式的系统研究,更多的是研究旅游消费行为的某一个侧面,主要探讨六个主题:(1)旅游者类型,科恩(Cohen)将旅游者划分为:有组织的大众旅游者、散客、探险家、流浪者③。亨利(Henley)将旅游者划分为:纯观光型旅游者、追求理想经历的旅游者、开阔眼界的旅游者、完全沉浸的旅游者四个类型。(2)旅游目的地选择,具体包括目的地选择模型。克朗普顿(Crompton)就旅游者目的地选择过程提出了一个系统模型,后来厄姆(Um)和克朗普顿(Crompton)又对此模型进行了完善④。该模型是一个概念框架模型,它基于外部因素、内部因素和认知构成三个系列的变量,然后进一步将该认知评价过程具体划分为五个阶段:第一阶段,通过被动地获取信息或偶然的学习形成对目的地属性的认同;第二阶段,在作出一般的度假决定之后,对目的地的选择过程正式开始(包括对环境制约因素的考虑);第三阶段,从简单地产生目的地的意识向旅游动机被激发进而积极、主动地选择目的地逐步推进;第四阶段,通过主动的信息搜寻进而形成对令人产生欲望的目的地属性的信任;第五阶段,从令人产生欲望的目的地中挑选出一个特定的目的地。⑤ 伍德赛德(Woodside)等在厄姆(Um)和克朗普顿(Crompton)模型基础上提出了一个关于目的地选择的综合模型,该模型包括:市场营销变量、旅游者变

---

① 张晓燕,张善芹,马勋. 我国自驾车旅游者行为研究——以华北地区为例. 旅游学刊,2006(9).
② 罗纪宁. 市场细分研究综述:回顾与展望. 山东大学学报(哲学社会科学版),2003(6).
③ Cohen E. Toward Sociology of International Tourism. Social Research,1972(39):164 - 182.
④ Um,Crompton. Attitude Determinants in Tourism Destination Choice. Annals of Tourism Research,1990,17(3):432 -448.
⑤ Um,Crompton. Attitude Determinants in Tourism Destination Choice. Annals of Tourism Research,1990, 17(3):432 -448.

量、目的地认知、情感联系、旅行者目的地偏好、观光意愿、情景变量和选择等9个重要变量[1]。(3)旅游消费决策,这是旅游消费行为研究的重点领域,已提出了众多的决策模型来试图分析影响旅游者行为和选择的个体、环境和情境因素。施莫尔(Schmoll)提出的模型包含四个方面:外部刺激;由个性、社会经济因素、态度和价值决定的旅游需求与欲望;外部变量;与决策过程及其结果相关的目的地或服务方面的特征。[2] 马西森(Mathieson)和沃尔(Wall)则较全面地概括了个体旅游者的从旅游动机到旅游行为这一过程中所包含的决策因素和步骤,该模型旨在说明旅游效果取决于旅游者决策,并且该模型已认识到了旅游效果随目的地特征、旅游特征、旅游者个人和行为特征的改变而不断变化的动态性[3]。古多尔(Goodall)提出了一个包括度假动机、信息收集、旅游度假方案评价、购买决策和旅游体验五个基本环节在内的旅游度假决策模型。有的学者还对旅游决策模型进行了量化研究。克劳奇(Crouch)等探究了太空旅游的消费者决策行为,通过调查分析得出每一种太空旅游方式的特点以及影响太空旅游类型选择的旅游者特征[4]。(4)旅游空间行为模式,库珀(Cooper)对泽西岛游客行为作调查研究发现游客的两个因素影响他们的旅游消费空间模式:生命周期所处阶段和社会经济地位。一般收入较低的游客主要只是访问那些高级别的景点,而那些收入处于较高阶层的游客同时游览了那些级别较低景点[5]。崔德弗(Chadefaud)调查了到卢尔德朝圣者的时空模式,发现有组织的团队游客活动空间较为集中,而散客活动空间分散[6]。德比奇(Debbage)对巴哈马岛的游客调查发现游客的个人特性差别导致了游客旅游消费空间模式差异[7]。普伦蒂斯(Prentice)发现英国富有阶层的游客偏好于历史古迹人文景点,而且一般这些游客年龄都较大[8]。蒙塔纳(Montanari)和穆斯卡(Muscar)划分出9种典型的游客时空模式[9]。舒瓦尔(Shoval)在以前研究基础上,基于游客对旅游产品的消费特点对耶路撒冷的景点进行分类,并构建

---

[1] Woodside, King. Tourism Consumption Systems: Theory and Empirical Research. Journal of Travel and Tourism Research, 2001, 10(1):3 – 27.

[2] Schmoll. Related Risk Behavior Among Japanese Tourist in the Khaosan Road Area, Bangkok, Thailand. AIDS and Behavior, 1977, 6(3):245 – 253.

[3] Mathieson, Wall. Tourism: Economic, Physical, and Social Impacts. New York: Longman, 1982.

[4] Crouch. Modelling Consumer Choice Behaviour in Space Tourism. Tourism Management, 2009, 30(3):441 – 454.

[5] Cooper. Spatial and Temporal Patterns of Tourist Behavior. Regional Studies, 1981, 15(5):359 – 371.

[6] Chadefaud. Centenaire: Auguste Mariette, Professeur – pacha. Histoire Paris: 1981 (30):70 – 75.

[7] Debbage. Spatial Behavior in a Bahamian Resort. Annals of Tourism Research, 1991, 18(2):251 – 268.

[8] Prentice. Tourism and Heritage Attractions. Routledge, 1993.

[9] Montanari, Muscar. Evaluating Tourist Flows in Historic Cities: The Case of Venice. Tijdschrift voor economische en sociale geografie, 1995, 86(1):80 – 87.

出大型旅游城市游客的旅游消费空间模式[1]。(5)旅游消费偏好。梅奥(Mayo)和贾维斯(Jarvis)[2]等从生活方式的标准对旅游者进行分类。镰仓(Kamakura)和诺瓦克(Novak)[3]、克鲁伯-瑞尔(Kroeber-Riel)和温伯格(Weinberg)[4]对旅游者的态度进行次序等级划分,形成一定的"价值体系"。帕克-贾斯敏(Jasmine Park)等研究了潜在旅游者通过互联网对旅游目的地的选择,从信息搜集的途径,研究了旅游者的选择偏好与旅游决策,另外一些学者和研究机构还结合旅游者的自身特征如教育、年龄、职业等所体现出来的旅游偏好进行研究[5]。(6)旅游消费支出,这方面文献也相当多,主要涉及旅游消费总支出[6]或单项消费支出[7]的影响因素;旅游消费结构及其影响因素[8]等。

国内关于旅游消费模式的研究在时间上起步晚,内容上相当薄弱,仅有的文献主要集中在四个方面:(1)旅游决策行为,陈建昌等提出了旅游决策的主导因素是感知环境和最大效益原则。国内更多文献关注于旅游决策的影响因素,保继刚等提出影响旅游决策行为的主要因素是感知环境、最大效益原则和旅游偏好。聂献忠等人从旅游者的人口统计学条件、旅游动机、旅游目的、旅游信息、旅游目的地的文化、旅游产品与服务的价格、旅行社的品牌、亲友的意见等方面进行了研究[9]。邱扶东采用自编的《旅游决策影响因素问卷》对旅游决策的影响因素进行了调查研究。结果发现,旅游决策的影响因素,可以分成六个类别:旅游服务因素、社会支持因素、群体支持因素、个人心理因素、个人社会经济因素以及其他因素[10]。白凯通过旅华赴西安游客的第一手旅游市场调查资料,从信息刺激角度研究了旅华游客决策行为,研究揭示信息刺激影响位于前四位的为亲朋推荐、旅

---

[1] Shoval. Categorization of Tourist Attractions and the Modeling of Tourist Cities:Based on the Co-plot Method of Multivariate Analysis. Tourism Management,2004,25(6):741-750.

[2] Mayo,Jarvis. The Psychology of Leisure Travel,Effective Marketing and Selling of Travel Services. CBI Publishing Company,Inc. ,1981.

[3] Kamakura,Novak. Value-system Segmentation:Exploring the Meaning of LOV. Journal of Consumer Research,1992,19(1):119.

[4] Kroeber-Riel,Weinberg. Konsumentenverhalten. überarbeitete Aufl,1996.

[5] Shoemaker. Segmentation of the Senior Pleasure Travel Market. Journal of Travel Research,1989,27(3):14-21.

[6] Nicolau,Más. Heckit Modelling of Tourist Expenditure:Evidence From Spain. International Journal of Service Industry Management,2005,16(3):271-293.

[7] Davies,Mangan. Family Expenditure on Hotels and Holidays. Annals of Tourism Research, 1992, 19(4):691-699.

[8] Lawson. Patterns of Tourist Expenditure and Types of Vacation Across the Family Life Cycle. Journal of Travel Research, 1991, 29(4):12-18.

[9] 聂献忠,张捷,吕菽菲,汤家法. 九寨沟国内旅游者行为特征初步研究及其意义. 自然资源学报,1998(3).

[10] 邱扶东,吴明证. 旅游决策影响因素研究. 心理科学,2004(5).

游指南、国家政策宣传、海外促销活动①。保继刚则对旅游决策及目的地偏好进行了实证分析②。(2)旅游空间行为模式,吴必虎在这方面的研究取得了系列成果,其他研究者也有所涉猎(陈建昌,1998;马耀峰,1999;冯淑华,2002;马震,2007)。陆林在大量实地调查基础上,应用旅游地空间使用曲线等技术,以安徽黄山、九华山和齐云山为例,阐述了山岳风景区旅游者空间行为。同时应用对比的方法,分析了中国黄山与美国黄石公园旅游者旅行空间行为之共性和个性③。杨新军对国内外关于旅游行为空间的模式进行了总结与评价,并在此基础上提出了以城市为空间节点的区域旅游空间结构④。徐菊凤以中、俄赴三亚旅游者为例进行了度假旅游者需求与行为特征的分析⑤。(3)旅游目的地选择,肖红根研究了不同旅游时空模式下对目的地的选择。吴必虎系统分析了旅游者目的地选择行为。毛端谦和张捷等提出了旅游目的地选择模式并进行实证研究,基于兰卡斯特(Lancaster)的消费特性理论和旅游目的地映象理论,提出了旅游流的目的地选择的概念模式和分析模型,进一步拓展了兰卡斯特(Lancaster)的消费特性理论在旅游中的应用,并以江西省国内旅游流为例进行了实证研究⑥。陈晓静则讨论了会议旅游目的地的选择和评估,研究了会议组织者对会议目的地的选择标准以及会议结束后怎样对目的地进行满意程度的评价⑦。(4)旅游消费行为和市场特征,戴斌研究了20世纪90年代中国出境旅游市场的特征与趋势,在众多出境旅游影响因素中,经济因素是最影响公民出境游的核心要素。以我国出境旅游市场为例,对该影响因素进行了实证分析。⑧ 有的学者分析了中国公民出境旅游消费特征和消费行为。杜江从出境旅游市场发展规模、决策类型和价格影响、目的地偏好、旅游方式、消费能力等方面作了详细的分析⑨。舒伯阳从人口统计特征和消费行为特征两方面研究了旅游者消费特征表现⑩。保继刚等研究了大学生旅游行为,并找出一些大学生旅游行为规律⑪。蔡洁等人对国内女性游客旅游消费行为展

---

① 白凯,马耀峰,李天顺.环境感知因素对旅华背包客旅游决策行为影响研究——以西安为例.旅游学刊,2006(5).
② 保继刚.旅游者行为研究.社会科学家,1987(6).
③ 陆林.山岳型景区旅游者空间行为研究——兼论黄山与美国黄石公园之比较.地理学报,1996(4).
④ 杨新军,等.旅游行为空间模式及其评价.经济地理,2000(4).
⑤ 徐菊凤.度假旅游者需求与行为特征分析——以中、俄赴三亚旅游者为例.旅游学刊,2007(12).
⑥ 毛端谦,张捷,包浩生.基于Lancaster特性理论的旅游目的地选择模式——理论分析与江西省旅游客流的实证研究.地理研究,2005(6).
⑦ 陈晓静.会议旅游目的地的选择与评估——以上海为例.旅游学刊,2005(1).
⑧ 戴斌,张耀军.90年代中国出境旅游市场的特征与趋势.财贸研究,1997(6).
⑨ 杜江,厉新建,秦宇,李宏.中国出境旅游变动趋势分析.旅游学刊,2002(3).
⑩ 舒伯阳,王红玲.中国公民出境旅游的消费行为分析及行业政策研究.财贸经济,2004(8).
⑪ 保继刚,李丽梅.大学生旅游行为研究——以中山大学为例.桂林旅游高等专科学校学报,2000(4).

开实证研究,对女性旅游者的人口学特征(年龄、职业、月收入、文化程度)和行为特征(旅游目的、信息来源、旅游方式)进行分析,从而得出女性旅游者出游行为的一般规律[①]。胡平研究老年旅游消费市场与行为模式,在解读调研资料的基础上剖析了上海老年旅游市场的总量大、增势强、小康化、层次多的总特点和在具体出游行为上的各种消费特点[②]。

总体而言,目前国内外关于旅游消费行为的研究,大多是对传统消费行为模式理论的借用或变形,鲜有兼顾旅游消费领域的特殊性而又有针对性的研究及成果,概括而言这方面的研究尚存在三个问题:首先,文献基本上停留在对局部消费行为特征的探讨,缺乏对旅游消费模式的整体性探究,以原子论世界观和元素分析法对游客心理行为这个有机动态系统作机械静态切割分析,难以厘清旅游消费行为的基本特点和规律。其次,对于不参加旅游的消费者研究极为匮乏。最后,少部分文献虽然涉猎旅游消费模式的提炼,但是提炼模式的指标选择单一(比如,收入水平或消费结构特征),而且对于诸如消费者认知、态度、行动意向的影响缺乏考虑,进而难以洞悉旅游消费行为的深层特征和行为模式。

在不同的经济发展阶段、不同的社会政治制度和不同的社会文化背景之下,游客的动机和消费行为必将呈现出不同的特征和模式[③]。然而,国内这方面的研究仍缺乏原创性的成果。因此,基于中国情境和文化背景下的旅游动机和消费模式研究,具有重要的理论和现实意义。

---

① 蔡洁,赵毅.国内女性游客旅游消费行为实证研究——以重庆旅游目的地为例.旅游科学,2005(2).
② 胡平.老年旅游消费市场与行为模式研究——以上海为例.消费经济,2007(6).
③ Pizam. A,Sussmann. S. Does Nationality Affect Tourist Behavior. Annals of Tourism Research,1995,22(4):901 - 917.

第三章 中国城镇居民的旅游动机与出游障碍

一、旅游动机

本研究是以德赖弗(Driver)、布朗(Brown)和彼得森(Peterson)[①]以及哈斯(Hass)、德赖弗(Driver)和布朗(Brown)[②]的旅游动机问卷为基础,同时参考了国内外其他学者关于旅游动机的题项,结合课题组开放式问卷和深度访谈的结果修订而成,共30个问项,并采用李克特五点尺度量表来衡量。

将共有30题选项的旅游动机运用因子分析方法(Factor Analysis)进行因素提取,并点选"主成分分析法"(Principle component Analysis)选取共同因子,选取那些特征值(Eigen value)大于1的因素,并进行"KMO(Kaister Meyer Olkin measure)抽样适宜度检验"及"Bartlett's球形检验",以了解这些变量能否进行因子分析,并以正交旋转最大变异数(Varimax rotation)进行转轴。本研究的KMO = 0.965,巴特利(Bartlett's)球形检验的显著性水平达到0.000,两者结果显示这些变量适合进行因子分析。

经过信度分析发现,本量表的克隆巴赫系数(Cronbach's alpha)为0.953,根据古尔福德(guielford)的说法,Alpha值若大于0.7,则表示信度相当高,若介于0.7~0.35之间尚可,而低于0.35则表示为低信度。本研究所采用的量表信度达到了guielford的高信度建议,详见表3-1。

运用正交旋转的因子分析,并根据因子负荷,分成如下五个因子,即中国城镇居民出游动机主要包括逃避动机、关系动机、心灵寻求动机、审美动机、享受与成就动机。

1. 因素一:逃避动机

因素一的内容包括"散心/心灵放松"、"排解工作压力"、"逃避烦恼"、"暂时摆脱单调乏味的日常生活"以及"享受无所事事的惬意"五个问项,因子负荷值分别为0.692、

[①] Driver, Brown, Peterson. Benefits of Leisure. US: Venture Publishing, 1991.
[②] Hass, Driver, Brown. Measuring Wildness Recreation Experience. New Hampshire: Proceedings of the Wildness Psychology Group, 1980.

0.687、0.654、0.636、0.419,这五个问项都暗含着"远离日常生活的意思",因此命名为"逃避动机"。

2. 因素二:关系动机

因素二的内容包括"增进家人的感情"、"带孩子见世面"、"陪同父母或其他家人"、"享受途中与亲友或其他人交往带来的乐趣"、"增进朋友或同事的感情"和"探亲访友"等六个问项,因子负荷分别为 0.722、0.718、0.668、0.587、0.541、0.529,这六个问项都与人际互动有关,因此称为"关系动机"。

3. 因素三:心灵寻求动机

因素三的内容包括"宗教朝圣"、"寻求心灵寄托"、"寻求刺激/满足好奇心"、"满足自己的怀旧情结"四个问项,其因子负荷分别为 0.706、0.626、0.587、0.524,这些都在一定程度上与内心寄托相关联,因此称为"心灵寻求动机"。

4. 因素四:审美动机

因素四的内容包括"游览名胜古迹"、"欣赏祖国大好河山"、"亲近自然"、"体验新的事物或参观新的景点"、"体验不同的文化和生活方式"五个题项,因子负荷分别为 0.802、0.783、0.687、0.454、0.433,这些题项主要与审美活动相关,因此称为"审美动机"。

5. 因素五:享受与成就动机

因素五的内容包括"让自己生活得更积极"、"享受生活,犒赏自己"、"身临其境,见证已有的知识和经验"、"参与各种各样的有趣活动"、"为了肯定自我、增强自我形象"、"享受各地美味佳肴"、"认识新的朋友和接触不同类型的人"、"挑战自我的能力"、"休息,达到身体上的放松"、"回来后可以和亲友分享旅游的经验"十个题项,其因子负荷分别为 0.702、0.47、0.505、0.612、0.648、0.591、0.688、0.676、0.563、0.622,这十个题项主要与享受、成就和自我相关,因此称为"享受与成就动机"。

表 3-1 旅游动机的探索性因子分析和信度检验

	题项	因子负荷	累计总解释变异量%	Cronbach's Alpha 值
逃避动机	散心/心灵放松	0.692	9.91	0.793
	排解工作压力	0.687		
	暂时摆脱单调乏味的日常生活	0.636		
	享受无所事事的惬意	0.419		
	逃避烦恼	0.654		

续表

	题项	因子负荷	累计总解释变异量%	Cronbach's Alpha 值
关系动机	增进家人的感情	0.722	20.609	0.833
	带孩子见世面	0.718		
	享受途中与亲友或其他人交往带来的乐趣	0.587		
	陪同父母或其他家人	0.668		
	探亲访友	0.529		
	增进朋友或同事的感情	0.541		
心灵寻求动机	寻求刺激/满足好奇心	0.587	33.296	0.815
	寻求心灵寄托	0.626		
	宗教朝圣	0.706		
	满足自己的怀旧情结	0.524		
审美动机	欣赏祖国大好河山	0.783	43.637	0.814
	游览名胜古迹	0.802		
	亲近自然	0.687		
	体验新的事物或参观新的景点	0.454		
	体验不同的文化和生活方式	0.433		
享受与成就动机	享受生活,犒赏自己	0.47	61.618	0.912
	身临其境,见证已有的知识和经验	0.505		
	参与各种各样的有趣活动	0.612		
	为了肯定自我、增强自我形象	0.648		
	享受各地美味佳肴	0.591		
	认识新的朋友和接触不同类型的人	0.688		
	挑战自己的能力	0.676		
	让自己生活得更积极	0.702		
	休息,达到身体上的放松	0.563		
	回来后可以和亲友分享旅游的经验	0.622		
KMO 值		0.965		
Bartlett's 球形检验		3770(0.000**)		
本量表的 Cronbach's Alpha 值		0.953		

通过对旅游动机各构面进行平均数和方差分析(表3-2)可知,目前我国城镇居民国内旅游的主要动机为审美动机(均值3.83),即欣赏自然风光、参观名胜古迹及体验各种新事物和文化生活方式。其次为关系动机和逃避动机(均值为3.74和3.70),这表明通过旅游来增进家庭、朋友和同事的关系,逃避现实生活的烦躁和工作的压力也是我国城镇居民出游的重要动机。此外,这也从另一个方面表明了当代人的工作压力较大、工作忙,仅有较少的时间陪伴家人和朋友。而我国城镇居民国内旅游的享受与成就动机和心灵寻求动机并不是十分明显。当然,鉴于人们外出旅游动机的复杂性与多样性,不能将这5个出游动机截然地分开,也就是说,人们的旅游决策并不是完全由单一动机驱动的,而是多种动机的融合体,只是侧重点有所不同而已。

表3-2 旅游动机各构面的平均得分与方差

	最小值	最大值	平均数	方差
逃避动机	1	5	3.70	0.74
关系动机	1	5	3.74	0.66
心灵寻求动机	1	5	3.16	0.82
审美动机	1	5	3.83	0.68
享受与成就动机	1	5	3.51	0.71

二、旅游障碍

在出游阻碍因素方面,有1274(55.49%)名受访者认为"工作时间忙、没时间"是阻碍其参加国内旅游最主要的因素。这说明,虽然我国制度性的休闲时间很多(1995年起实行5天工作制,到1999年出现春节、"五一"、"十一",三个长假日;2008年又开始取消"五一"长假,取而代之的为清明、端午、中秋三个小假,这样,我国居民的全年法定休息日约114天,这说明人的1/3时间都是在休闲时间中度过的;2008年1月1日起我国又开始施行《职工带薪年休假条例》,该条例规定职工累计工作满1年不满10年的,年休假5天;满10年不满20年的,年休假10天;满20年的,年休假15天),但由于现在人们的工作压力很大,"工作伦理"日益渗透到人们的休闲时间之内,致使人们的一切生活都以工作为中心,在休闲时间内也要为了晋升、涨工资等目标而继续工作或充电,最终真正的休闲时间十分有限。因此,要实施"国民旅游休闲计划"不能仅仅消除闲暇时间的制度障碍,更重要的可能是要破除国民难以休闲的深层根源。

其次为"经济条件不宽裕",有大约29.23%的受访者认为该项因素是阻碍其参加国内旅游最主要的原因。从我国城镇居民的平均月收入情况来看,旅游对其来说仍然是一项较大的支出;因此,随着我国城镇居民收入水平的不断提高,其整体出游率将有大幅度的提高,从而真正实现"旅游全民化"。

"怕花钱受罪"者有356人,占样本总数的15.51%。旅游原本为一种放松的活动,现在却成为实实在在的"累活",这与我国"赶鸭式"的旅游活动组织密切相关。这就存在一个悖论:旅行社渴望更多的人出游,可是其行为却往往造成更多的人不愿出游。

"旅游安全"仍然是我国城镇居民参加国内旅游时担心的重要问题,有334人认为"担心旅游安全"是阻碍其参加旅游的重要因素,占样本总数的14.55%。因此,旅游地应加强旅游安全建设,营造一个安全、和谐的旅游氛围。

"没有合适的旅伴"305人,占受访者总数的13.28%。"需要照顾家人"304人,占受访者总数的13.24%。"害怕旅途劳累"263人,占样本总数的11.46%。"身体欠佳"193人,占受访者总数的8.41%。排在后两位的分别为"对旅游没兴趣"和"旅游得不偿失",分别有86人(3.75%)和60人(2.61%),这说明我国城镇居民群体已经具有很强的旅游意识。

表3-3 障碍性因素频数分析表

	人次		人数百分比
	频数	百分比	
工作忙、没时间	1274	26.93%	55.49%
需要照顾家人	304	6.43%	13.24%
经济不太宽裕	671	14.19%	29.23%
身体欠佳	193	4.08%	8.41%
害怕旅途劳累	263	5.56%	11.46%
没有合适旅伴	305	6.45%	13.28%
对旅游没兴趣	86	1.82%	3.75%
担心旅游安全	334	7.06%	14.55%
怕花钱受罪	356	7.53%	15.51%
担心水土不服	123	2.60%	5.36%
气候和天气	373	7.89%	16.25%

续表

	人次		人数百分比
	频数	百分比	
家人不赞成	154	3.26%	6.71%
旅游得不偿失	60	1.27%	2.61%
还有更重要的事情要做	197	4.17%	8.58%
其他	37	0.78%	1.61%
总计	4730	100.00%	206.04%

由表 3-4 可知,"工作忙、没时间"和"经济不太宽裕"为近期内未参加过和参加过国内旅游活动的城镇居民的最主要两大出游阻碍因素,这为二者相同点。

就不同点而言,近期内未参加过国内旅游活动的城镇居民的休闲时间较为充裕,但其经济条件对其的障碍性更大,原因可能是该群体的收入水平较低,这一点我们将在下文进行详细分析;其二,身体健康状况对近期内未出游的城镇居民的阻碍更大,有 11.69% 的未出游群体认为这是阻碍其参加国内旅游的主要因素,而只有 7.72% 的近期内出游群体对这一点表示认同;其三,有 6.98% 和 3.67% 的未出游群体认为其之所以不参加国内旅游的原因是"对旅游没兴趣"和"旅游得不偿失",而仅有 2.82% 和 2.39% 的近期内出游群体认为这两个因素是阻碍其出游的障碍因素,这涉及旅游意识或旅游态度的问题,我们也同样将在下文进行更加详细的讨论。

表 3-4 两类游客国内出游阻碍因素对比分析表

阻碍因素	过去三年未参加过国内旅游者			过去三年内参加过国内旅游者		
	人次		人数%	人次		人数%
	频数	百分比		频数	百分比	
工作忙、没时间	293	23.18%	51.13%	979	28.32%	60.00%
需要照顾家人	87	6.88%	15.18%	216	6.25%	13.24%
经济不太宽裕	252	19.94%	43.98%	418	12.09%	25.61%
身体欠佳	67	5.30%	11.69%	126	3.65%	7.72%
害怕旅途劳累	67	5.30%	11.69%	196	5.67%	12.01%
没有合适旅伴	71	5.62%	12.39%	233	6.74%	14.28%
对旅游没兴趣	40	3.17%	6.98%	46	1.33%	2.82%
担心旅游安全	73	5.78%	12.74%	261	7.55%	15.99%
怕花钱受罪	104	8.23%	18.15%	251	7.26%	15.38%

续表

阻碍因素	过去三年未参加过国内旅游者			过去三年内参加过国内旅游者		
	人次			人次		
	频数	百分比	人数%	频数	百分比	人数%
担心水土不服	33	2.61%	5.76%	90	2.60%	5.52%
气候和天气	71	5.62%	12.39%	301	8.71%	18.44%
家人不赞成	32	2.53%	5.59%	121	3.50%	7.41%
旅游得不偿失	21	1.66%	3.67%	39	1.13%	2.39%
还有更重要的事情要做	41	3.24%	7.16%	156	4.51%	9.56%
其他	12	0.95%	2.09%	24	0.69%	1.47%
总计	1264	100.00%	220.59%	3457	100.00%	211.84%

通过对比分析,我们发现我国城镇居民中那些近期未出游的群体的收入水平较低,其月收入水平在2000元以下的占到了该群体的60%,而那些近期内参加过国内旅游活动的群体则只有33.29%的受访者月收入水平在2000元以下;月收入水平在3000元以上的仅占近期未出游群体的17.2%,但有42.8%的近期内参加过国内旅游活动的群体的收入在该水平之上。从以上的分析,我们可以看出两个群体在收入水平上存在着巨大的差距,这也就难怪"经济条件不宽裕"成为阻碍那些近期内未出游群体的重要因素,而对那些近期有过国内旅游经历的群体则是相对次要的因素。

表3-5 平均月收入对比分析表

		过去三年未参加过国内旅游		过去三年内参加过国内旅游	
		人数	百分比	人数	百分比
平均月收入(最近三年)	1000元以下	137	21.82%	168	10.30%
	1001~2000元	240	38.22%	375	22.99%
	2001~3000元	143	22.77%	392	24.03%
	3001~4000元	54	8.60%	267	16.37%
	4001~5000元	20	3.19%	175	10.73%
	5001~7500元	13	2.07%	105	6.44%
	7501~10000元	9	1.43%	74	4.54%
	10000元以上	12	1.91%	77	4.72%

参加旅游活动是需要付出一定体力和精力的,因此,健康成为参加旅游的一个重要前提条件。通过表3-6,我们发现那些过去三年内未参加过国内旅游活动的群体的健康状况较差,其中"身体状况很好"的占该群体总人数的28.12%,而那些近期内参加过国内旅游活动的群体"身体状况很好"的人数则明显高于近期内未参加过国内旅游的群体,占总人数的36.84%;健康状况为"普通"、"差"和"很差"的组内比例,那些过去三年内未参加过国内旅游活动的群体均高于过去三年内参加过国内旅游活动的群体。从以上分析可知,相对于近期参加过旅游活动的群体而言,近期没有参加过国内旅游活动的群体身体状况更差,因此也就更有可能成为阻碍其参加国内旅游活动的障碍性因素。

表3-6 健康状况对比分析表

		过去三年未参加过国内旅游者		过去三年内参加过国内旅游者	
		频数	百分比	频数	百分比
健康状况	很差	3	0.48%	1	0.06%
	差	29	4.63%	25	1.53%
	普通	158	25.24%	316	19.34%
	好	260	41.53%	690	42.23%
	很好	176	28.12%	602	36.84%

旅游态度共有8个题项,运用探索性因子分析方法进行因素提取,并选择"主成分分析法"(Principle Component Analysis)选取共同因子,选取那些特征值大于1的因素,并进行"KMO抽样适宜度检验"及"Bartlett's球形检验",以了解这些变量能否进行因子分析,并以正交旋转最大变异数(Varimax rotation)进行转轴。本研究的 KMO = 0.934,Bartlett's球形检验的显著性水平达到0.000,两者结果显示这些变量适合进行因子分析。本量表经过信度分析发现,本量表的 Cronbach's alpha 值为0.912,量表信度达到了 guielford 的高信度建议标准。我国城镇居民的旅游态度经过因子分析后,根据因子负荷判断,只有一个因子(如表3-7所示)。

表3-7 旅游态度的探索性因子分析和信度检验

	旅游态度
1. 我会有计划地参加旅游活动	0.708
2. 我比较关注旅游信息或新闻	0.806
3. 我非常喜欢旅游	0.797
4. 我平时经常和朋友讨论与旅游相关的话题	0.824
5. 我愿意多花一些时间参加旅游活动	0.828
6. 参加旅游对我的生活具有积极的影响作用	0.749
7. 旅游活动已经成为我日常生活的一部分	0.81
8. 我会鼓励家人参加旅游活动	0.767
累计总解释变异量%	61.985
KMO值	0.934
Bartlett's 球形检验	10040(0.000***)
本量表的Cronbach's Alpha值	0.912
旅游态度层面平均分	3.52

由表3-8可知,近期内未出游者的旅游态度平均分为3.18,而近期内参加过国内旅游活动的城镇居民的旅游态度平均得分为3.66,通过T检验,二者的平均得分差异达到显著性水平。这说明,那些近期内未出游的群体旅游态度、旅游意识普遍较低,原因可能与其个性有关,也可能是因为其对旅游知识的了解较少,或其他原因等。

表3-8 旅游态度平均得分的差异性分析

	最小值	最大值	平均得分	标准差	T值
未出游者旅游态度	1	5	3.18	0.76	14.3***
出游者旅游态度	1.25	5	3.66	0.69	

注：***表示P<0.001。

从旅游动机方面分析可知,近期内未出游者在各个旅游动机层面上的平均分均低于那些近期内参加过国内旅游活动的群体,经过T检验,二者的差异达到显著性水平。由此我们也可以说,阻碍那些近期内未参加国内旅游者参加国内旅游的一个重要原因就是该群体旅游动机不强。因此,如何驱动该群体旅游动机的提升成为使该群体从"潜在游客"变为"现实游客"的关键。

表 3-9 旅游动机各构面的差异性分析

	逃避动机	关系动机	心灵寻求动机	审美动机	享受与成就动机
过去三年未参加过国内旅游者	3.48	3.61	3.05	3.62	3.36
过去三年内参加过国内旅游者	3.79	3.79	3.21	3.91	3.57
T值	9.13***	5.98***	4.37***	9.13***	6.44***

注：***表示 $P<0.001$。

第四章 中国城镇居民的主要旅游行为特征

一、总体旅游消费行为特征

消费者行为是20世纪以来被普遍研究与应用的一门学问,由于资本主义的兴起,在自由市场中,供需关系为一切行为的基础,一旦平衡破坏,经济就会瓦解,因此了解分析消费者决策、购买和消费动机、活动特征并满足消费者的需求已成为当前供应者的研究课题。归纳出"消费行为可以界定为消费者为满足需求,对于特定产品或服务所表现出来的消费活动,以及其在消费过程中所发生的决策行为"。研究消费者行为模式的相关理论中,以EKB(Engel,Blackwell和Kollat,1968)模式最具代表性,后经过多次修改,本研究采用1995年修正的EBM模式来探讨消费者行为[1]。

旅游消费行为是指游客在旅游活动中产生的特定消费行为[2]。关于旅游行为特征的研究,早期大多利用社会经济背景、人口统计变量及地理变数作为区别变数来探讨游客特征[3],然而单独采用此变数仅能了解游客的基本特征,无法深入探讨游客行为的差异。近年来,旅游消费行为研究主要分为两个方面:一方面为利用行为变量,例如旅游动机等变量进行研究;另一方面为利用心理特质变量,例如生活形态变量、价值观等变量探讨消费特征[4]。EBM消费者行为模式是以"决策过程"为核心。本研究选择旅游动机、资讯来源、旅游目的地选择因素、活动特征、购后态度来描述游客的旅游行为,其中旅游动机近似于EBM的"需求确认"、资讯来源近似于"资讯搜集",旅游目的地选择因素近似于"购

---

[1] Engel, Blackwell, Kollat. Life Styles and Consumption Behavior. Journal of Consumer Research, 1995, 6(4):30-45.
[2] 陈国荣. 大坑地区温泉旅馆游客旅游消费行为之研究. 亚洲大学国际企业学系硕士班,未出版硕士论文, 2008.
[3] Burdage. Levels of Occupational Prestige and Leisure Activity. Journal of Leisure Research, 1963, 1(3):1-11.
[4] Madrigal, Kahle. Predicting Vacation Activity Preferences on the Basis of Value System Segmentation. Journal of Travel Research, 1994, 32(3):22-28.

前方案评估",而活动特征用以描述参加国内旅游中的状态,近似于"消费"。

1. 旅游态度

旅游态度是指个体对于旅游活动的一种观点、一种行为倾向,它会引起个体参与旅游活动程度的不同。旅游态度一般包括旅游认知、旅游情感和旅游意向三种成分。旅游认知泛指个体对旅游态度对象所持有的知识、知觉、信念与见解。旅游情感是指对于形成旅游态度的对象所表现出来的好恶、肯定与否定的情感判断。旅游意向指旅游者在进行旅游活动之前的倾向和准备状态。这三项因素并非完全独立毫不相干,而是作为一个整体,相互衔接的。即旅游者的旅游态度由旅游认知开始,经过旅游情感而发展为旅游意向。

将共有8个题项的旅游态度,运用探索性因子分析方法(Exploratory Factor Analysis)进行因素提取,并点选"主成分分析法"(Principle component Analysis)选取共同因子,选取那些特征值大于1的因素,并进行"KMO抽样适宜度检验"及"Bartlett's 球形检验",以了解这些变量能否进行因子分析,并以正交旋转最大变异数(Varimax rotation)进行转轴。本研究的KMO = 0.934,Bartlett's球形检验的显著性水平达到0.000,两者结果显示这些变量适合进行因子分析。

本量表经过信度分析发现,本量表的Cronbach's alpha值为0.912,根据guielford的说法,Alpha值若大于0.7则表示信度相当高,若介于0.7~0.35之间尚可,而低于0.35则表示为低信度。本研究所采用的量表信度达到了guielford的高信度建议。

表4-1 旅游态度的均值和标准差

旅游态度	个数	平均数	标准差
1. 参加旅游对我的生活具有积极的影响作用	2282	3.79	0.843
2. 我非常喜欢旅游	2286	3.72	0.941
3. 我会有计划地参加旅游活动	2284	3.66	0.905
4. 我会鼓励家人参加旅游活动	2284	3.56	0.908
5. 我愿意多花一些时间参加旅游活动	2285	3.51	0.969
6. 我比较关注旅游信息或新闻	2286	3.42	0.975
7. 我平时经常和朋友讨论与旅游相关的话题	2278	3.38	0.955
8. 旅游活动已经成为我日常生活的一部分	2279	3.14	1.053

2. 基本旅游消费行为

由表4-2和表4-3可知,在过去三年内,有71.86%的受访者参加过旅游活动。在参加过国内旅游活动的群体中,决策主要是由自己或夫妻双方共同决定的。在游伴的选择上,有699人选择配偶,占42.36%;其次为子女、父母和同事,分别有562人(34.06%)和475人(28.79%)。火车、飞机和自驾车成为受访者参加国内旅游最主要的三种交通工具。其中,有849人(51.46%)将火车作为其参加国内旅游的主要交通工具之一,居于首位;飞机次之,有753位(45.64%);排在第三位的是自驾车,有427名(25.88%)的受访者进行自驾车旅游;通过其他交通工具参加国内旅游的人数较少。在旅游目的地的停留时间上,有666人(40.36%)的受访者在目的地停留4~5天,居于首位;停留时间在6~7天和2~3天的次之,分别有388位(23.52%)和362位(21.94%);而停留7天以上的受访者较少,有183位(11.09%);停留1天以内的受访者只有51人(3.09%)。在旅游花费方面,有325人(19.70%)的受访者平均每次国内旅游花费在2001~3000元之间,居于首位;花费在1501~2000元和3001~4000元者次之,分别占总体的14.97%和14.79%;然后是消费在500~1000元、4001~5000元、1001~1500元和5001~8000元的旅游者;排在最后的为每次国内旅游消费在8000元以上者,只有93人(5.64%)。在出游频次上,每年一次者居多,有612人(37.09%);约半年一次的次之,有365人(22.12%);居于第三的是少于1年一次,有360人(21.81%);其次是每年有3~4次旅游者,有279人(16.91%),而多于4次的则为最少。

在旅游方式的选择上,有586位(35.52%)的受访者参加国内旅游的主要方式是完全自助;其次是旅行社组团,占到总体的27.27%;单位组织出游也占有很大一部分,有328人(19.88%)通过此种方式参加国内旅游。

在旅游信息的获取渠道方面,有33.03%的受访者是通过朋友介绍获得相关的旅游信息的,居于首位;28.85%是通过旅行社介绍获得的;报纸和网络次之,分别有19.82%和18.61%的游客借以获得信息;通过个人经验和家庭推荐获取旅游相关信息的游客分别有261人(15.82%)和254人(15.39%);排在最后的分别为电视、广告和广播,分别有153人(9.27%)、76人(4.61%)和20人(1.21%)。

在比较喜欢的旅游活动方面,欣赏自然风景、参观名胜古迹和休闲娱乐成为我国城镇居民群体参加国内旅游最喜欢的三大旅游活动,分别有1107人(67.09%)、855人(51.82%)和717人(43.46%)。

在费用支付方面,全部由自己支付的占40.85%,大部分由自己支付的占22.30%,小部分由自己支付的占24.48%,完全不是自己支付的占11.70%。

表 4-2　我国城镇居民国内旅游消费行为特征（1）

		频数	百分比			频数	百分比
是否参加过旅游活动	是	1650	71.86%	每次平均花费	500~1000元	196	11.88%
					1001~1500元	176	10.67%
	否	639	27.83%		1501~2000元	247	14.97%
决定者	自己	588	35.64%		2001~3000元	325	19.70%
	配偶	106	6.42%		3001~4000元	244	14.79%
	夫妻共同决定	584	35.39%		4001~5000元	195	11.82%
	子女决定	69	4.18%		5001~8000元	169	10.24%
	其他	297	18.00%		8000元以上	93	5.64%
停留时间	1天以内	51	3.09%	频次	多于4次/年	35	2.12%
	2~3天	362	21.94%		3~4次/年	279	16.91%
	4~5天	666	40.36%		约半年1次	365	22.12%
	6~7天	388	23.52%		大约每年1次	612	37.09%
	7天以上	183	11.09%		约0.5~1次/年	139	8.42%
旅游方式	旅行社组团	450	27.27%		少于两年一次	221	13.39%
	单位组织	328	19.88%	费用支付者	全部由自己	674	40.85%
	半自助游	232	14.06%		大部由自己	368	22.30%
	完全自助旅游	586	35.52%		小部由自己	404	24.48%
	其他	49	2.97%		完全不是由自己	193	11.70%

表 4-3　我国城镇居民国内旅游消费行为特征（2）

		人次		人数百分比
		频数	百分比	
主要交通工具	自驾车	427	16.58%	25.88%
	火车	849	33.00%	51.46%
	飞机	753	29.23%	45.64%
	轮船	32	1.24%	1.94%
	长途汽车	196	7.61%	11.88%
	旅行社的车	283	11.00%	17.15%
	其他	36	1.40%	2.18%

续表

		人次		人数百分比
		频数	百分比	
游伴	独自一人	123	5.62%	7.46%
	配偶	699	31.95%	42.36%
	子女或父母	562	25.69%	34.06%
	亲友或邻居	173	7.91%	10.49%
	同事	475	21.71%	28.79%
	其他	156	7.13%	9.46%
比较喜欢的旅游活动	休闲娱乐	717	18.69%	43.46%
	探险等刺激性活动	238	6.20%	14.42%
	健身疗养	210	5.47%	12.73%
	欣赏自然风景	1107	28.86%	67.09%
	参观名胜古迹	855	22.29%	51.82%
	体验乡村生活	195	5.08%	11.82%
	休闲运动	184	4.80%	11.15%
	文化体验活动	122	3.18%	7.39%
	看演出或表演	68	1.77%	4.12%
	主体游乐项目其他	121	3.15%	7.33%
	其他	19	0.50%	1.15%
信息获取渠道	家庭推荐	254	9.96%	15.39%
	旅行社介绍	476	18.66%	28.85%
	报纸	327	12.82%	19.82%
	电视	153	6.00%	9.27%
	广播	20	0.78%	1.21%
	个人经验	261	10.23%	15.83%
	朋友介绍	545	21.36%	33.03%
	广告	76	2.98%	4.61%
	网络	307	12.03%	18.61%
	其他	132	5.17%	8.00%

3. 旅游休闲涉入

在旅游休闲领域,大多数学者以阿威姿(Havitz)和帝芒什(Dimanche)所提出的休闲旅游涉入的定义为基准,认为旅游休闲涉入为"个体与休闲活动、旅游地点或是相关休闲设施及产品间无法观察出的刺激、兴趣之觉醒的心理状态,会被特定的刺激或是情境影响,并具有可驱动行为的特征"[1]。涉入常用的量表是 CIP 量表,它是劳伦特(Laurent)和卡普费雷(Kapferer)在 1985 年开发出来的[2],并由帝芒什(Dimanche)、阿威姿(Havitz)和霍华德(Howard)运用于旅游与观光活动中[3],经检验各构面信度均在 0.8 以上。它包括四个维度,但根据本研究的需要,选取其中的三个维度,分别为:重要性(Importance),指个人察觉到产品或活动对本身的重要性,而非从日常生活所必需的实质面来考量;愉悦价值(Pleasure Value),指旅游和观光体验所带来的乐趣、娱乐、幻想、刺激、享受等状态[4];象征价值(Sign Value),指个人透过旅游休闲活动的参与展现个人的技巧或表示属于团体中的一分子,期望经由活动的参与来表达自我。对某项休闲活动的投入程度越高,则该活动越能代表个人的象征价值。

由于学术界关于旅游休闲涉入的研究,尤其是旅游休闲涉入维度的研究已经十分成熟,因此,本研究对其采用验证性因子分析(见表 4-4、表 4-5)。结果表明,其拟合极佳,拟合指标如下:Chi-Square = 131.01, df = 11(p = 0.00000), GFI = 0.98, CFI = 0.99, NFI = 0.99, RMESEA = 0.069。

表 4-4　旅游涉入的均值和标准差

旅游涉入	个数	平均数	标准差
1. 我可以借由旅游来增进与家人、朋友的感情	2280	3.90	0.831
2. 参与旅游活动让我得到很多乐趣	2284	3.89	0.814
3. 旅游对我来说是一件有意义的活动	2283	3.82	0.834
4. 旅游是让我感到满意的休闲活动	2282	3.75	0.87
5. 我觉得参加旅游是给自己的奖赏	2280	3.58	0.997
6. 旅游对我来说是很重要的休闲活动	2284	3.53	0.979
7. 旅游是可以表现我个人风格的休闲活动	2278	3.32	0.994

---

[1] Havitz, Dimanche. Leisure Involvement Revisited: Conceptual Conundrums and Measurement Advances. Journal of Leisure Research, 1997(29):245-278.

[2] Laurent, Kapferer. Measuring Consumer Involvement Profiles. Journal of Marketing Research, 1985, 22(1).

[3] Dimanche, Havitz, Howard. Testing the Involvement Profile (IP) Scale in the Context of Selected Recreational and Touristic Activities. Journal of Leisure Research, 1991.

[4] Holbrook, Hirshman. Consumer Fantasies, Feelings, and Fun. The Journal of Consumer Research, 1982, 9(2):132-140.

表4-5 旅游休闲涉入的验证性因子分析

	重要性	象征性	愉悦性
旅游对我来说是很重要的休闲活动	0.67		
旅游对我来说是一件有意义的活动	0.66		
我觉得参加旅游是给自己的奖赏		0.68	
旅游是可以表现我个人风格的休闲活动		0.72	
我可以借由旅游来增进与家人、朋友的感情		0.41	
参与旅游活动让我得到很多乐趣			0.64
旅游是让我感到满意的休闲活动			0.74

由表4-6可知,愉悦性构面的平均分达到了3.82,居于首位,这说明在某种意义上,旅游对于我国城镇居民很大程度上是一种能够增加乐趣的休闲活动;其次是重要性,这表明我国城镇居民将旅游视为一项较为重要的活动,平均分为3.67;排在最后的是象征性,这说明旅游的象征价值相对城镇居民来说是相对次要的,即旅游的符号功能在我国城镇居民群体中表现还不是很明显,其平均得分为3.60。

表4-6 旅游休闲涉入各构面的平均得分与方差

层面	最大值	最小值	平均数	方差
重要性	1	5	3.67	0.80
象征性	1	5	3.60	0.73
愉悦性	1	5	3.82	0.77

4. 旅游景观偏好

研究表明,要从顺序数据中获得定距或定比数据的信息是很难的,而且单纯应用定距分级或评分进行各处理强弱的比较,数据的关系可能与客观实际不符。因此,需要根据数据的基本结构重新计算量表等级,从而做出客观的评价(非参数统计)[1]。Ridit分析法是一种非参数的统计方法,它的基本原理是,取一个样本较多的组或将几组数据汇总成为对照组,根据参照组的样本结构将原来各组响应数变换为参照得分——Ridit得分,利用变换后的Ridit得分进行各处理之间的强弱比较。由于受访者是以顺序尺度(从"非

---

[1] 王星. 对一个关联规则序贯抽样算法的改进与效率分析. 统计与决策,2005(6).

常不感兴趣"到"非常感兴趣")来表达其意见,故以 Ridit 分析方法检验各项题目间是否有差异。将计算的结果列于表 4-7,若两组的置信区间有重叠表示无差异,不重叠则为有差异。由于本研究处理资料时,感兴趣程度高的分数较高,因此得到的 Ridit 值较高因素的选项较为重要;若此时的 R 值低于 0.5 表示重要程度低于平均值。由表 4-7 可知, Ridit 值依数值大小排序如下:

海滨沙滩、山水风光＞古城古镇、文物古迹＞乡村田园、主题公园、民俗风情、美食旅游、休闲娱乐＞文化艺术＞健康疗养＞都市景观＞宗教寺庙＞节庆活动＞旅游购物。从以上的排序可知,总体而言,我国城镇居民参加国内旅游最感兴趣的为"海滨沙滩、山水风光"等自然景观;其次为"古城古镇和文物古迹"等历史文化景观;对乡村田园的感兴趣程度也较高,原因是人们长期居住在城市的喧闹之中,对乡村田园的宁静、自然有无限的向往,这在一定程度上说明了"乡村旅游"的可行性;人们对一些人文景观也有一定的兴趣,如主题公园、民俗风情、文化艺术等;相对而言,城镇居民对都市景观、宗教旅游、节庆活动和旅游购物等则较为不感兴趣。

表 4-7　各种旅游景观感兴趣程度的 Ridit 得分

	R 值	下界	上界
(1)海滨沙滩	0.653969	0.643953	0.663984
(2)山水风光	0.659499	0.649961	0.669038
(3)乡村田园	0.521716	0.510514	0.532919
(4)主题公园	0.504688	0.493722	0.515653
(5)文物古迹	0.549075	0.537936	0.560215
(6)宗教寺庙	0.402061	0.390614	0.413508
(7)文化艺术	0.475561	0.464851	0.486271
(8)民俗风情	0.525049	0.514292	0.535807
(9)旅游购物	0.342082	0.330125	0.354039
(10)美食旅游	0.519193	0.507767	0.530619
(11)节庆活动	0.377106	0.366765	0.387447
(12)休闲娱乐	0.519505	0.508768	0.530243
(13)都市景观	0.424910	0.413711	0.436108
(14)健康疗养	0.451164	0.439839	0.462489
(15)古城古镇	0.567728	0.556698	0.578757

5. 旅游目的地选择因素

一个地区成为一个旅游目的地,必须具备三个条件:必须有某种引人注目的旅游项目;必须是交通发达地区;必须有观光客住宿的设施及表演娱乐的设施。莫里森(Morrisin)提出目的地组合(Destination Mix)的概念,认为目的地是旅游吸引力与节事、各种设施、公共设施与交通便利和观光服务资源四个要素组合而成的,其中以吸引力与节事为旅游目的地的中枢[①]。本研究中目的地选择考虑因素是在参考伦德伯格(Lundberg)提出的旅游目的地十二种重要因素[②]及西尼尔(Senior)的目的地影响潜在游客的有利和不利因素的基础上提出的[③]。

由于受访者是以顺序尺度(从"非常不重要"到"非常重要")来表达其在选择旅游目的地时的考量因素,故同样以 Ridit 分析方法检验各项题目间是否有差异。将计算的结果列于表 4-8,若两组的置信区间有重叠表示无差异,不重叠则为有差异。由于本研究处理资料时,重要程度高的分数较高,因此得到的 Ridit 值较高的选项较为重要;若此时的 R 值低于 0.5 表示重要程度低于平均值。由表 4-8 可知,Ridit 值依数值大小排序如下:

[当地治安]>[目的地旅游环境]>[自然风景的优劣]>[目的地的交通条件、目的地的自然生态环境、目的地的气候和天气]>[历史文化古迹是否具有吸引力、总的旅行费用、目的地的形象和口碑]>[当地居民态度是否友善]>[当地风俗和生活方式]>[目的地是否有多样性的游憩设施和活动可以参与、目的地是否有美食佳肴]>[历史或家族的关联性]>[目的地的购物条件的优良]。

从以上的排序可知,"旅游地的治安情况"是人们在选择旅游目的地时最着重考虑的因素,最近发生的香港地区游客在菲律宾遇难事件更是强化了人们的这方面意识;其次为目的地的整体旅游环境,具体表现为自然生态环境的优劣比历史文物是否有吸引力更为重要;再次为旅游目的地的交通条件,包括外部交通和内部交通,也是人们参加国内旅游时考虑的重要因素,主要是由于人们的旅游时间的有限性;而旅游目的地风俗和生活方式、是否有多样性的游憩和活动可以参与,以及美食佳肴则相对是次要考虑的因素;排在最后的是"历史或家族的关联性"和"目的地的购物条件的优良",可能是因为这两个因素只是特定的少部分人着重考虑的因素。但这里仍需要强调的是,不能将这些因素截

---

① Morrison. Hospitality and Travel Marketing. New York:Albany,1989.
② Lundberg. The Tourist Business. New York:CBI Publishing company,1990.
③ Senior. Competitive Strategies in the Budget Hotel Sector. International Journal of Contemporary Hospitality Management,1990,2(3).

然分开,原因是人们在进行目的地选择的时候是综合考虑多种因素,只是根据人们的偏好侧重点有所不同而已。

表4-8 旅游目的地选择因素的Ridit得分

	Ridit值	下限	上限
(1)自然风景的优劣	0.568848	0.558822	0.578874
(2)历史文化古迹是否具有吸引力	0.524012	0.513707	0.534317
(3)当地的风俗和生活方式	0.467555	0.456832	0.478278
(4)当地居民态度是否友善	0.492384	0.481594	0.503174
(5)当地的治安状况	0.624235	0.613864	0.634606
(6)目的地的旅游环境	0.592553	0.582608	0.602498
(7)目的地的交通条件	0.559237	0.549022	0.569452
(8)目的地的气候和天气	0.545960	0.535554	0.556365
(9)总的旅行费用	0.518157	0.507169	0.529146
(10)目的地是否有多样性的游憩设施和活动可以参与	0.426113	0.415447	0.436778
(11)目的地是否具有美食佳肴	0.437444	0.426020	0.448867
(12)目的地的购物条件的优良	0.325085	0.313177	0.336993
(13)目的地的形象和口碑	0.516306	0.505674	0.526938
(14)历史或家族的关联性	0.351558	0.340354	0.362761
(15)目的地的自然生态环境	0.550280	0.539773	0.560788

二、不同区域的行为特征差异

1. 概述

由于区位交通、社会经济、收入状况、文化观念、风俗习惯等条件的不同,导致城镇居民旅游消费行为存在一定的地域差异。了解和研究城镇居民旅游消费行为地域差异对正确认识区域旅游经济的发展、城镇居民旅游行为特征、旅游偏好、旅游涉入程度,进行详尽的国内旅游市场细分,制定针对性强的地域旅游促销策略具有重要的理论和实践意义。

国内对旅游消费行为研究主要集中在消费特点、消费结构、消费模式、影响因素等方面,从地域空间角度研究城镇居民旅游消费行为差异的文章较少,张建辉等人从旅游需求增长方式、增长阶段、需求水平等方面分析了城市居民旅游需求的空间差异及其变化[1]。唐步龙、俞立平阐述了城镇居民自费旅游的地区差异,指出由于现阶段城市居民自费旅游消费更多的是一种生活必需支出,例如:探亲访友、宗教朝拜等,因此城市居民收入对自费旅游影响不大,但地理和交通因素仍然有较大的影响[2]。徐晓娜,翁钢民运用灰色系统理论得出城市居民旅游需求差异与城市居民的生活水平、人口数量、交通运输状况是密切相关的[3]。宋咏梅和孙根年分析了我国城市居民的旅游购买能力,依据人均工资水平,将39个大城市居民国内旅游需求划分为4个等级,并分别统计出城市居民出游率、人均旅游支付的分布特征[4];滕丽等人利用科霍宁(Kohonen)网络,以城市居民的出游率、观光游比例、观光游人均消费、度假休闲游比例、度假休闲游人均消费为基准,将我国城市旅游需求分为五大类[5]。

本研究从我国六大经济协作区的角度进行考察,包括:华北、东北、西北、西南、中南和珠三角,六大经济协作区按照我国政府确定的范围进行划分。

表4-9 不同区域的抽样概况

		频数	百分比%
区域	华北	214	10.6
	东北	587	29
	西北	115	5.7
	西南	384	18.9
	中南	513	25.3
	珠三角	214	10.6
	总计	2027	100

---

[1] 张建辉,毕燕,张颖.中国城市居民旅游需求空间差异及变化研究.旅游学刊,2010(2).
[2] 唐步龙,俞立平.城镇居民自费旅游的地区差距研究.价格理论与实践,2007(4).
[3] 徐晓娜,翁钢民.城市居民旅游需求差异影响因素的灰色关联分析.资源开发与市场,2007(1).
[4] 宋咏梅,孙根年.中国城市居民旅游购买能力统计分析.城市问题,2006(2).
[5] 滕丽,王铮,蔡砥.中国城市居民旅游需求差异分析.旅游学刊,2004(7).

2. 各区域城镇居民的基本旅游消费行为

（1）是否参加过旅游活动。最高的是珠三角地区90.65%，然后为西北81.58%和华北79.91%，其次为西南73.16%和东北71.38%，最低的是中南部64.52%。卡方检验表明，各地区参加国内旅游者数量的差异达到显著。

表4-10 不同区域参加旅游活动比较

			是否参加过国内旅游		总计
			是	否	
区域	华北	频数	171	43	214
		百分比	79.91%	20.09%	100.00%
	东北	频数	419	168	587
		百分比	71.38%	28.62%	100.00%
	西北	频数	93	21	114
		百分比	81.58%	18.42%	100.00%
	西南	频数	278	102	380
		百分比	73.16%	26.84%	100.00%
	中南	频数	331	182	513
		百分比	64.52%	35.48%	100.00%
	珠三角	频数	194	20	214
		百分比	90.65%	9.35%	100.00%
总计		频数	1486	536	2022
		百分比	73.49%	26.51%	100.00%
Likelihood Ratio Chi-Square = 69.92** (0.000)					

附注：** 表示 $P<0.01$。

（2）平均停留时间。卡方检验表明，各地区参加国内旅游者平均停留时间的差异达到显著。东北、西北地区城镇居民出游的平均停留时间明显比其他地区偏长。中南、华北地区城镇居民出游的平均停留时间相对较短。西南、珠三角出游的平均停留时间处于中间。这可能与这些地区距离旅游目的地的平均距离存在一定正向关系。东北、西北远离我国主要的旅游目的地，因此，出游的平均停留时间比较长，而中南、华北地区距离国内的主要旅游目的地相对较近，所以停留时间总体上较短。

表 4-11 不同区域的平均停留时间

区域			平均停留时间					总计
			1天以内	2~3天	4~5天	6~7天	7天以上	
区域	华北	频数	3	63	74	22	9	171
		百分比	1.75%	36.84%	43.28%	12.87%	5.26%	100.00%
	东北	频数	12	81	122	107	97	419
		百分比	2.86%	19.33%	29.12%	25.54%	23.15%	100.00%
	西北	频数	5	6	39	37	10	97
		百分比	5.16%	6.19%	40.21%	38.14%	10.3%	100.00%
	西南	频数	6	56	161	44	10	277
		百分比	2.17%	20.22%	58.12%	15.88%	3.61%	100.00%
	中南	频数	21	101	121	65	24	332
		百分比	6.33%	30.42%	36.45%	19.58%	7.22%	100.00%
	珠三角	频数	0	35	83	54	22	194
		百分比	0.00%	18.04%	42.78%	27.84%	11.34%	100.00%
总计		频数	47	342	600	329	172	1490
		百分比	3.15%	22.95%	40.27%	22.08%	11.55%	100.00%
Likelihood Ratio Chi-Square = 201.506** (0.000)								

附注：** 表示 $P<0.01$。

（3）旅游的方式。卡方检验表明，各地区参加国内旅游者的旅游方式的差异达到显著。华北（北京）以完全自助、半自助为主；东北以完全自助、旅行社组团为主；西北以完全自助、旅行社组团为主；西南以完全自助、旅行社组团为主；中南以完全自助、单位组织为主；珠三角以旅行社组团、完全自助为主。很显然，除了珠三角以外，其他地区更倾向于完全自助游或半自助游为主，唯独珠三角出游偏爱选择旅行社。这其中的原因，可能有三：其一，珠三角的经济发达、居民收入高，所以选择旅行社时很注重品质，因而全国其他地方旅行社经常出现的问题，在珠三角地区比较少见；其二，珠三角老年人出游比例偏高，地方语言与其他地区差别较大，普通话普遍不太好，所以选择旅行社也更加方便和安全；其三，珠三角出游目的地选择范围宽，出游距离较远，所以更多会选择旅行社。

表4-12 不同区域的旅行方式

			国内旅游的主要方式					总计
			旅行社组团	单位组团	半自助旅游	完全自助旅游	其他	
区域	华北	频数	32	32	48	53	6	171
		百分比	18.71%	18.71%	28.08%	30.99%	3.51%	100.00%
	东北	频数	115	94	57	135	15	416
		百分比	27.64%	22.60%	13.70%	32.45%	3.61%	100.00%
	西北	频数	33	18	11	32	3	97
		百分比	34.02%	18.56%	11.34%	32.99%	3.09%	100.00%
	西南	频数	72	23	20	160	4	279
		百分比	25.81%	8.24%	7.17%	57.35%	1.43%	100.00%
	中南	频数	78	95	63	79	15	330
		百分比	23.64%	28.79%	19.09%	23.94%	4.54%	100.00%
	珠三角	频数	71	27	30	60	4	192
		百分比	36.98%	14.06%	15.63%	31.25%	2.08%	100.00%
总计		频数	401	289	229	519	47	1485
		百分比	27.00%	19.46%	15.42%	34.95%	3.17%	100.00%
Likelihood Ratio Chi-Square = 145.024**(0.000)								

附注:**表示 $P<0.01$。

(4)旅游费用的支付者。卡方检验表明,各地区参加国内旅游的费用支付者的差异达到显著。华北(北京)以全部自己、大部分自己支付为主;东北以全部自己、大部分自己支付为主;西北以全部自己支付、大部分自己支付为主;西南以全部自己、小部分自己支付为主;中南以全部自己、小部分自己支付为主;珠三角以全部自己、大部分自己支付为主。

表4-13 不同区域的旅游费用支付

区域			旅游费用支付者				总计
			全部由自己	大部分由自己	小部分由自己	完全不是由自己	
区域	华北	频数	68	62	33	8	171
		百分比	39.78%	36.26%	19.30%	4.68%	100.00%
	东北	频数	180	95	81	62	418
		百分比	43.06%	22.73%	19.38%	14.83%	100.00%
	西北	频数	55	18	15	8	96
		百分比	57.29%	18.75%	15.63%	8.33%	100.00%
	西南	频数	85	43	126	24	278
		百分比	30.58%	15.47%	45.32%	8.63%	100.00%
	中南	频数	102	91	96	39	328
		百分比	31.10%	27.74%	29.27%	11.89%	100.00%
	珠三角	频数	114	38	22	16	190
		百分比	60.00%	20.00%	11.58%	8.42%	100.00%
总计		频数	604	347	373	157	1481
		百分比	40.78%	23.43%	25.19%	10.60%	100.00%
Likelihood Ratio Chi-Square = 145.406** (0.000)							

附注:** 表示 $P<0.01$。

(5)游伴。各区域在游伴选择上,也存在显著差异。华北以配偶、同事为主;东北以配偶、同事为主;西北以配偶、子女或父母为主;西南以配偶、子女或父母为主;中南以同事、配偶为主;珠三角以子女或父母、配偶为主。

表4-14 不同区域的旅伴差异

			\multicolumn{6}{c}{游伴}	总计
			单独	配偶	子女或父母	亲友或邻居	同事	其他	
区域	华北	频数	17	70	51	32	59	11	170
		百分比	10.00%	41.18%	30.0%	18.82%	34.71%	6.47%	
	东北	频数	32	162	126	42	136	30	419
		百分比	7.64%	38.66%	30.07%	10.02%	32.46%	7.16%	
	西北	频数	3	48	27	12	24	10	97
		百分比	3.09%	49.49%	27.84%	12.37%	24.74%	10.31%	
	西南	频数	13	190	145	16	41	20	279
		百分比	4.66%	68.10%	51.97%	5.74%	14.70%	7.17%	
	中南	频数	35	91	60	39	130	40	328
		百分比	10.67%	27.74%	18.29%	11.89%	39.63%	12.20%	
	珠三角	频数	4	88	122	21	43	16	194
		百分比	2.06%	45.36%	62.89%	10.83%	22.17%	8.25%	
总计		频数	104	649	531	162	433	127	1487

附注:** 表示 $P<0.01$。

(6)平均花费。卡方检验表明,各地区参加国内旅游平均花费的差异达到显著水平。华北(北京)以3001~4000元、1501~2000元为主;东北以4001~5000元、2001~3000元为主;西北以2001~3000元、1501~2000元为主;西南以2001~3000元、3001~4000元为主;中南以1000元以下、1501~2000元为主;珠三角以5001~8000元、8000元以上为主。显然,珠三角、东北市场人均旅游消费更高。

表4-15 不同区域的平均花费

			平均花费								总计
			500~1000元	1001~1500元	1501~2000元	2001~3000元	3001~4000元	4001~5000元	5001~8000元	8000元以上	
区域	华北	频数	10	10	27	26	28	26	25	17	169
		百分比	5.92%	5.92%	15.98%	15.39%	16.57%	15.39%	14.79%	10.06%	100.00%
	东北	频数	37	38	50	68	58	77	59	33	420
		百分比	8.81%	9.05%	11.91%	16.19%	13.81%	18.33%	14.05%	7.86%	100.00%
	西北	频数	6	14	16	25	10	11	11	4	97
		百分比	6.19%	14.43%	16.50%	25.77%	10.31%	11.34%	11.34%	4.12%	100.00%
	西南	频数	23	24	39	94	69	18	9	2	278
		百分比	8.27%	8.63%	14.03%	33.81%	24.82%	6.47%	3.24%	0.72%	100.00%
	中南	频数	74	46	63	59	39	23	19	7	330
		百分比	22.42%	13.94%	19.09%	17.88%	11.82%	6.97%	5.76%	2.12%	100.00%
	珠三角	频数	7	13	13	24	25	33	39	35	189
		百分比	3.70%	6.88%	6.88%	12.70%	13.23%	17.46%	20.63%	18.52%	100.00%
总计		频数	157	145	208	296	229	188	162	98	1483
		百分比	10.59%	9.78%	14.03%	19.96%	15.44%	12.68%	10.92%	6.61%	100.00%
似然比卡方值=289.167**(0.000)											

附注:**表示P<0.01。

(7)旅游信息渠道来源。卡方检验表明,各地区参加国内旅游信息渠道来源的差异达到显著水平。华北(北京)以朋友介绍、网络为主;东北以朋友介绍、旅行社介绍为主;西北以朋友介绍、报纸为主;西南以旅行社介绍、报纸为主;中南以朋友介绍、旅行社介绍为主;珠三角以朋友介绍、报纸、网络为主。因此,针对不同地区的客源市场,在促销媒介的选择上要有所差异。

表4-16 不同区域信息渠道来源的差异

			信息渠道来源									总计
			家庭推荐	旅行社介绍	报纸	电视	广播	个人经验	朋友介绍	广告	网络	其他	
区域	华北	频数	19	36	20	17	1	28	70	10	62	8	171
		百分比	11.11%	21.05%	11.70%	9.94%	0.58%	16.37%	40.94%	5.85%	36.26%	4.68%	
	东北	频数	79	86	58	41	5	82	138	17	71	45	419
		百分比	18.85%	20.53%	13.84%	9.79%	1.19%	19.57%	32.94%	4.06%	16.95%	10.74%	
	西北	频数	20	16	24	9	1	17	40	4	14	6	97
		百分比	20.62%	16.48%	24.74%	9.28%	1.03%	17.53%	41.24%	4.12%	14.43%	6.19%	
	西南	频数	48	181	115	19	1	29	53	9	21	14	280
		百分比	17.14%	64.64%	41.07%	6.79%	0.36%	10.36%	18.93%	3.21%	7.50%	5.00%	
	中南	频数	49	76	56	29	4	36	118	20	63	27	330
		百分比	14.85%	23.03%	16.97%	8.79%	1.21%	10.91%	35.76%	6.06%	19.09%	8.18%	
	珠三角	频数	19	38	46	15	2	41	62	6	44	22	193
		百分比	9.84%	19.69%	23.83%	7.77%	1.03%	21.24%	32.12%	3.11%	22.80%	11.40%	
总计		频数	234	433	319	130	14	233	481	66	275	122	1490

（8）阻碍因素。卡方检验表明,各地区参加国内旅游的障碍因素基本类似。"工作忙,没有时间"都是第一位的障碍因素。华北、东北、中南、西北的第二位因素是经济不太宽裕。只有珠三角的前三位障碍因素都没有涉及经济因素。

表 4-17　不同区域的旅游障碍因素

			区域						总计
			华北	东北	西北	西南	中南	珠三角	
阻碍因素	工作忙、没时间	频数	187	351	73	172	267	136	1186
		百分比	87.79%	60.52%	64.60%	46.36%	58.68%	64.15%	
	需要照顾家人	频数	26	95	21	38	55	46	281
		百分比	12.21%	16.38%	18.58%	10.24%	12.09%	21.70%	
	经济不太宽裕	频数	42	150	39	103	191	30	555
		百分比	19.72%	25.86%	34.51%	27.76%	41.98%	14.15%	
	身体欠佳	频数	10	42	5	72	34	10	173
		百分比	4.69%	7.24%	4.42%	19.41%	7.47%	4.72%	
	害怕旅途劳累	频数	25	64	15	51	49	26	230
		百分比	11.74%	11.03%	13.27%	13.75%	10.77%	12.26%	
	没有合适旅伴	频数	28	65	21	35	74	22	245
		百分比	13.15%	11.21%	18.58%	9.43%	16.26%	10.38%	
	对旅游没兴趣	频数	12	19	2	10	30	5	78
		百分比	5.63%	3.28%	1.77%	2.70%	6.59%	2.36%	
	担心旅游安全	频数	18	77	10	99	61	39	304
		百分比	8.45%	13.28%	8.85%	26.68%	13.41%	18.40%	
	怕花钱受罪	频数	26	88	24	107	45	30	320
		百分比	12.21%	15.17%	21.24%	28.84%	9.89%	14.15%	
	担心水土不服	频数	5	38	1	32	25	7	108
		百分比	2.35%	6.55%	0.88%	8.63%	5.49%	3.30%	
	气候和天气	频数	18	72	14	82	79	42	307
		百分比	8.45%	12.41%	12.40%	22.10%	17.36%	19.81%	
	家人不赞成	频数	4	33	6	42	21	13	119
		百分比	1.88%	5.69%	5.31%	11.32%	4.62%	6.13%	

续表

			区域						总计
			华北	东北	西北	西南	中南	珠三角	
阻碍因素	旅游得不偿失	频数	15	19	0	9	14	7	64
		百分比	7.04%	3.28%	0.00%	2.43%	3.08%	3.30%	
	还有更重要的事情要做	频数	32	72	8	16	25	23	176
		百分比	15.02%	12.41%	7.10%	4.31%	5.49%	10.85%	
	其他	频数	3	13	3	3	4	9	35
		百分比	1.41%	2.24%	2.65%	0.81%	0.88%	4.25%	
总计		频数	213	580	113	371	455	212	1944

(9)主要交通工具。卡方检验表明,各地区参加国内旅游的主要交通工具的差异达到显著水平。华北(北京)以飞机、火车为主;东北以火车、飞机为主;西北以火车、飞机为主;西南以火车、自驾车为主;中南以火车、飞机为主;珠三角以飞机、自驾车(飞机比例较高:76.3%)为主。

表4-18 不同区域的主要交通工具

			主要交通工具							总计
			自驾车	火车	飞机	汽车	轮船	长途汽车	其他	
区域	华北	频数	41	70	111	1	17	19	3	171
		百分比	23.98%	40.94%	64.91%	0.58%	9.94%	11.11%	1.75%	
	东北	频数	57	240	230	13	32	64	6	420
		百分比	13.57%	57.14%	54.76%	3.10%	7.62%	15.24%	1.43%	
	西北	频数	22	61	46	1	10	4	3	96
		百分比	22.92%	63.54%	47.92%	1.04%	10.42%	4.17%	3.13%	
	西南	频数	151	196	67	8	30	38	8	278
		百分比	54.32%	70.50%	24.10%	2.88%	10.79%	13.67%	2.88%	

续表

区域			主要交通工具							总计
			自驾车	火车	飞机	汽车	轮船	长途汽车	其他	
区域	中南	频数	50	156	125	5	57	74	11	330
		百分比	15.15%	47.27%	37.88%	1.52%	17.27%	22.42%	3.33%	
	珠三角	频数	67	42	148	1	11	33	2	194
		百分比	34.54%	21.65%	76.29%	0.52%	5.67%	17.01%	1.03%	
总计		频数	388	765	727	29	157	232	33	1489

3. 不同区域之旅游消费行为关键变量的差异分析

（1）旅游态度方差分析。不同区域旅游态度的方差分析表明，西南地区更积极一些，其他地区并没有显著差异。这很可能与抽样中西南样本以成都为主有关。因为成都是中国有名的具有休闲性格的城市，出游欲望自然要比其他地区强。

表4-19 不同区域的旅游态度差异

	华北	东北	西北	西南	中南	珠三角
平均数	3.453	13.4615	3.3391	3.8949	3.4892	3.5806
样本数	213	584	115	376	509	211
标准差	0.67827	0.74131	0.65073	0.94106	0.79701	0.67658

（2）景观类型方差分析、平均数分析。在旅游购物上，珠三角地区城镇居民对该项旅游活动的兴趣程度明显低于其他五个地区。在参观宗教寺庙上，珠三角地区的城镇居民对该项旅游活动的兴趣程度明显高于华北和东北地区。对于都市景观的兴趣程度，东北、西南、中南和珠三角地区的居民明显高于华北地区，西南地区的居民的兴趣程度又明显高于西北和中南地区。各地区对节庆活动、休闲娱乐、文物古迹等方面的偏好没有差异。总体来看，东北地区居民对于各种景观类型偏好都偏低，而西南、中南地区对各种景观类型的兴趣程度都倾向于更高。

表 4-20　不同区域的旅游资源偏好差异

	ANOVA 分析		事后检验
	F 值	P 值	
旅游购物	6.934	0.000**	1、2、3、4、5>6
节庆活动	3.103	0.000**	无差异
宗教寺庙	4.397	0.000**	1、2<6
都市景观	11.774	0.000**	1<2、4、5、6,3、5<4
健康疗养	8.978	0.000**	1<2,1、3、5<4
文化艺术	14.793	0.000**	1、2、3、5、6<4,3、6<5
主题公园	12.179	0.000**	1<4、5、6,2<4,3<4、6
美食旅游	10.84	0.000**	1<4、5、6,2、3<4,
乡村田园	15.019	0.000**	1<4、5,2>3,2<4,3<4、5,4>5、6
休闲娱乐	3.11	0.000**	无差异
民俗风情	10.616	0.000**	1<2、4、5、6,2、3<4
文物古迹	2.951	0.000**	无差异
古城古镇	9.51	0.000**	1<2、4、5、6
海滨沙滩	4.736	0.000**	1<2、5
山水风光	5.153	0.000**	2>4

（3）旅游涉入方差分析。西南地区城镇居民在旅游涉入的三个因子上平均得分都最高，明显高于其他五个地区的旅游涉入平均得分。其他地区在旅游涉入方面不存在显著差异。

表 4-21　不同区域的涉入程度差异

		involve01	involve02	involve03
华北	平均数	3.7266	3.6307	3.8037
	样本数	214	213	214
	标准差	0.62333	0.54778	0.6252

续表

		involve01	involve02	involve03
东北	平均数	3.6493	3.5809	3.8596
	样本数	586	583	584
	标准差	0.77314	0.66801	0.73329
西北	平均数	3.5304	3.4503	3.7217
	样本数	115	114	115
	标准差	0.63276	0.50946	0.62545
西南	平均数	3.9987	3.9652	4.0605
	样本数	378	374	380
	标准差	0.89168	0.87648	0.84343
中南	平均数	3.5717	3.5428	3.7392
	样本数	509	506	508
	标准差	0.78071	0.71263	0.78847
珠三角	平均数	3.7062	3.5588	3.8443
	样本数	211	207	212
	标准差	0.71475	0.65248	0.69139
总计	平均数	3.7027	3.6388	3.8517
	样本数	2013	1997	2013
	标准差	0.78562	0.72017	0.75684

（4）目的地选择因素方差分析。西南地区在旅游目的地选择的三个因素——吸引物、目的地环境和活动参与机会方面普遍较其他地区重视。

表4-22 不同区域目的地选择的因素差异

		因素一	因素二	因素三
华北	平均数	3.8091	3.9825	3.3389
	样本数	213	210	211
	标准差	0.57559	0.44466	0.6144

续表

		因素一	因素二	因素三
东北	平均数	3.8857	4.0364	3.343
	样本数	586	586	586
	标准差	0.69867	0.62884	0.73007
西北	平均数	3.8024	4.0118	3.2149
	样本数	113	113	114
	标准差	0.71912	0.52973	0.54639
西南	平均数	4.1786	4.2327	3.8893
	样本数	377	376	377
	标准差	0.7133	0.66153	0.88436
中南	平均数	3.8854	4.0611	3.3936
	样本数	509	507	503
	标准差	0.71094	0.68797	0.79017
珠三角	平均数	3.9041	4.0166	3.2263
	样本数	212	211	211
	标准差	0.59196	0.60278	0.72377
总计	平均数	3.9297	4.0704	3.4386
	样本数	2010	2003	2002
	标准差	0.69353	0.63105	0.78802

第五章 中国城镇居民的旅游消费模式

一、旅游消费模式

旅游消费模式是一定时期旅游消费的综合体现,反映旅游消费行为的普遍规律和一般特征,它既是个体的消费方式,亦反映群体的消费特征。深入了解"旅游消费模式",大到对于整个国家"扩大内需、刺激消费"政策的落实,小到对于旅游企业市场营销策略的制定,都是至关重要的。因此,学者范业正指出,旅游者需求与消费行为始终是旅游研究的前沿问题,但同时这也是我国旅游研究及消费研究极为薄弱的领域[1]。

虽然旅游消费很早就进入国内外学者的研究视域,然而,时至今日,依然缺乏关于旅游消费模式的系统研究,研究者多是将关注点放在旅游消费行为的某一个侧面。其中,国外学者比较关注以下研究主题:(1)旅游者类型划分,例如,斯图尔特(Stewart)在研究中指出,亨利(Henley)曾将旅游者划分为:纯观光型旅游者、追求理想经历的旅游者、开阔眼界的旅游者、完全沉浸的旅游者四个类型[2]。(2)旅游目的地选择行为,具体包括目的地选择模型的研究和目的地选择的影响因素。(3)旅游消费决策,这是旅游消费行为研究的重点领域,学者们提出了众多的决策模型,克劳奇(Crouch)等运用实证方法研究了太空旅游消费者决策行为[3]。(4)旅游空间行为模式,例如,夏(Xia)等通过使用半马尔科夫过程探究了旅游者的空间行为选择模式[4]。(5)旅游消费支出及其结构等,这方面文献也相当丰富:尼古拉(Nicolau)等探讨了旅游消费总支出的影响因素[5];弘(Hong)等

---

[1] 范业正.旅游者需求与消费行为始终是旅游研究的前沿问题.旅游学刊,2005(3).
[2] Stewart. Leisure Trends and the Prospects after Skiing. London: National Ski Conference Olympia, 1993.
[3] Crouch. Modelling Consumer Choice Behaviour in Space Tourism. Tourism Management, 2009, 30(3): 441-454.
[4] Xia, Zeephongsekul, Packer. Spatial and Temporal Modelling of Tourist Movements Using Semi-Markov Processes. Tourism Management, 2011.
[5] Nicolau, Más. Stochastic Modeling: a Three-stage Tourist Choice Process. Annals of Tourism Research, 2005, 32(1): 49-69.

对旅游消费结构及其影响因素进行了系统研究①。(6)旅游消费偏好也是近年来研究的热点。国内关于旅游消费的研究相当薄弱,仅有的文献主要集中在四个方面:(1)旅游决策行为,更多文献关注于旅游决策的影响因素。(2)旅游空间行为模式,杨新军、牛栋和吴必虎对国内外关于旅游行为空间的模式进行了总结与评价,并在此基础上提出了以城市为空间节点的区域旅游空间结构②;牛亚菲等则采取实证方式系统分析了北京市旅游客流的时空分布特征③。(3)目的地选择行为,吴必虎等通过大样本调查分析了中国城市居民的旅游目的地选择的基本规律④;毛端谦和张捷等基于兰卡斯特(Lancaster)特性理论提出了旅游目的地选择模式并进行实证研究⑤;李华敏研究了旅游地选择意向形成的机制问题⑥。(4)旅游消费行为和市场特征,戴斌等研究了20世纪90年代中国出境旅游市场的特征与趋势⑦;丁健和李林芳分析了广州居民出境旅游消费特征和消费行为⑧;其他学者则分别就不同群体的旅游消费行为进行了实证研究。

二、模型构建

本研究统合文献资料和前期的质性研究结果,首先将旅游动机、旅游涉入和目的地选择因素作为提炼旅游消费模式的核心变量,进而对这三个变量进行探索性或验证性因子分析。其次,依据这三个核心变量所提取的十一个因子进行聚类分析,提炼出我国城镇居民旅游消费模式。最后,利用方差分析和交互分析方法进行差异显著性检验,进一步探究不同旅游消费模式的消费行为特征和人口统计特征之差异。

1. 旅游动机探索性因子分析

旅游动机是人们进行旅游活动的真正原因,是诱发消费者产生旅游行为的原动力。本研究的量表是以德赖弗(Driver)、布朗(Brown)和彼得森(Peterson)的问卷⑨为基础,并参考了国内外其他学者关于旅游动机的题项修订而成,共30个问项。本研究运用正交

---

① Hong. Leisure Travel Expenditure Patterns by Family Life Cycle Stages. Journal of Travel and Tourism Marketing, 2005,18(2):15-30.
② 杨新军,牛栋,吴必虎. 旅游行为空间模式及其评价. 经济地理,2000(4).
③ 牛亚菲,谢丽波,刘春凤. 北京市旅游客流时空分布特征与调控对策. 地理研究,2005(2).
④ 吴必虎等. 中国城市居民旅游目的地选择行为研究. 地理学报,1997(3).
⑤ 毛端谦,张捷,包浩生. 基于Lancaster特性理论的旅游目的地选择模式——理论分析与江西省旅游客流的实证研究. 地理研究,2005(6).
⑥ 李华敏. 基于顾客价值理论的旅游地选择意向形成机制研究. 地理研究,2010(7).
⑦ 戴斌,张耀军. 90年代中国出境旅游市场的特征与趋势. 财贸研究,1997(6).
⑧ 丁健,李林芳. 广州市居民出境旅游行为研究. 中国地理学会2004年学术年会暨海峡两岸地理学术研讨会论文摘要集,2004.
⑨ Driver,Brown,Peterson. Benefits of Leisure. US:Venture Publishing,1991.

旋转的因子分析,将中国城镇居民出游动机划分为逃避动机、关系动机、心灵寻求动机、审美动机、享受与成就动机五大类型(见表5-1)。本研究的 KMO＝0.965,Bartlett's 球形检验的显著性水平达到0.000,两者结果显示这些变量适合进行因子分析。经过信度分析发现,本量表的 Cronbach's alpha 值为0.953,根据 guielford 的说法,Alpha 值属于高信度区间(＞0.7)。

表5-1 旅游动机的探索性因子分析和信度检验

因素	题项	因子负荷	累计总解释变异量%	Cronbach's Alpha 值
逃避动机	散心/心灵放松	0.692	9.91	0.793
	排解工作压力	0.687		
	暂时摆脱单调、乏味的日常生活	0.636		
	享受无所事事的惬意	0.419		
	逃避烦恼	0.654		
关系动机	增进家人的感情	0.722	20.609	0.833
	带孩子见世面	0.718		
	享受途中与亲友或其他人交往带来的乐趣	0.587		
	陪同父母或其他家人	0.668		
	探亲访友	0.529		
	增进朋友或同事的感情	0.541		
心灵寻求动机	寻求刺激/满足好奇心	0.587	33.296	0.815
	寻求心灵寄托	0.626		
	宗教朝圣	0.706		
	满足自己的怀旧情结	0.524		
审美动机	欣赏祖国大好河山	0.783	43.637	0.814
	游览名胜古迹	0.802		
	亲近自然	0.687		
	体验新的事物或参观新的景点	0.454		
	体验不同的文化和生活方式	0.433		

续表

因素	题项	因子负荷	累计总解释变异量%	Cronbach's Alpha 值
享受与成就动机	享受生活,犒赏自己	0.47	61.618	0.912
	身临其境,见证已有的知识和经验	0.505		
	参与各种各样的有趣活动	0.612		
	为了肯定自我、增强自我形象	0.648		
	享受各地美味佳肴	0.591		
	认识新的朋友和接触不同类型的人	0.688		
	挑战自己的能力	0.676		
	让自己生活得更积极	0.702		
	休息,达到身体上的放松	0.563		
	回来后可以和亲友分享旅游的经验	0.622		
	KMO 值	0.965		
	Bartlett's 球形检验	3770(0.000**)		
	本量表的 Cronbach's Alpha 值	0.953		

附注:** 表示 $P<0.01$。

2. 目的地选择因素的探索性因子分析

目的地选择考虑的因素。莫里森(Morrisin)提出目的地组合(Destination Mix)的概念,认为目的地是由旅游吸引力与节事、各种设施、公共设施与交通便利和观光服务资源四个要素组合而成,其中,吸引力与节事是旅游目的地的中枢[1]。本研究目的地选择的考虑因素是在参考伦德伯格(Lundberg)提出的旅游目的地十二种重要因素[2]及西尼尔(Senior)的目的地影响潜在游客的有利因素和不利因素[3]的基础上提出的。本量表共 13 个问项,并采用李克特五点尺度量表来衡量。

本量表的 KMO = 0.906,Bartlett's 球形检验的显著性水平达到 0.000,两者结果显示这些变量适合进行因子分析。经过信度分析发现,本量表的 Cronbach's alpha 值为0.889,本研究所采用的量表信度达到了 guielford 的高信度建议,详见表 5 – 2。

---

[1] Morrison. Hospitality and Travel Marketing. New York:Albany,1989.
[2] Lundberg. The Tourist Business. New York:CBI Publishing company,1990.
[3] Senior. Competitive Strategies in the Budget Hotel Sector. International Journal of Contemporary Hospitality Management,1990,2(3).

我国城镇居民的旅游目的地选择因素经过正交旋转的因子分析后,根据因子负荷可分成如下三个因子:

因素一:吸引物。因素一的内容包括"自然风景的优劣"、"历史文化古迹是否具有吸引力"及"当地的风俗和生活方式"三个问题,因子负荷值分别为 0.736、0.838、0.718,这三个题项都是关于旅游目的地的吸引物,因此命名为"吸引物"。

因素二:目的地环境。因素二的内容包括"当地的治安状况"、"目的地的旅游环境"、"目的地的交通条件"、"目的地的气候和天气"、"目的地的形象与口碑"和"目的地的自然生态环境"六个题目,因子负荷分别为 0.709、0.746、0.784、0.687、0.510、0.552,这六个题目主要与目的地的旅游环境相关,因此称为"目的地环境"。

因素三:活动参与机会。因素三的内容包括"目的地是否有多样性的游憩设施和活动可以参与"、"目的地是否具有美食佳肴"、"目的地的购物条件的优良"、"历史或家族的关联性"四个题目,其因子负荷分别为 0.579、0.676、0.821、0.714,这四个题目主要与目的地提供的活动项目相关,因此称为"活动参与机会"。

表 5-2 目的地选择因素的探索性因子分析和信度检验

因素	题项	因子负荷	累计总解释变异量%	Cronbach's Alpha 值
吸引物	自然风景的优劣	0.736	16.119	0.781
	历史文化古迹是否具有吸引力	0.838		
	当地的风俗和生活方式	0.718		
环境因素	当地的治安状况	0.709	39.865	0.837
	目的地的旅游环境	0.746		
	目的地的交通条件	0.784		
	目的地的气候和天气	0.687		
	目的地的形象与口碑	0.510		
	目的地的自然生态环境	0.552		
活动参与机会	目的地是否有多样性的游憩设施和活动可以参与	0.579	60.342	0.724
	目的地是否具有美食佳肴	0.676		
	目的地的购物条件的优良	0.821		
	历史或家族的关联性	0.714		

续表

因素	题项	因子负荷	累计总解释变异量%	Cronbach's Alpha 值
	KMO 值		0.906	
	Bartlett's 球形检验		11050(0.000**)	
	本量表的 Cronbach's Alpha 值		0.889	

附注:**表示 P<0.01。

3. 旅游涉入的验证性因子分析

在旅游休闲领域，大多数学者以阿威姿(Havitz)和帝芒什(Dimanche)所提出的休闲旅游涉入的定义为基准，认为休闲旅游涉入为"个体与休闲活动、旅游地点或是相关休闲设施及产品间无法观察出的刺激、兴趣之觉醒的心理状态，会被特定的刺激或是情境影响，并具有可驱动行为的特征"[①]。涉入常用的量表是 CIP 量表，它是劳伦特(Laurent)和卡普费雷(Kapferer)在1985年开发出来的[②]，并由帝芒什(Dimanche)、阿威姿(Havitz)和霍华德(Howard)运用于旅游与观光活动中[③]，经检验，各构面信度均在0.8以上。CIP 量表包括四个维度，但根据本研究的需要，选取其中的三个维度，分别为：重要性(Importance)，指个人察觉到产品或活动对自身的重要性，而非从日常生活所必需的实质面来考量；愉悦价值(Pleasure Value)，指旅游和观光体验所带来的乐趣、娱乐、幻想、刺激、享受等状态[④]；象征价值(Sign Value)，指个人透过旅游休闲活动的参与展现个人的技巧或表示属于团体中的一分子，期望经由活动的参与来表达自我。对某项休闲活动的投入程度越高，则该活动越能代表个人的象征价值。本量表共7个问项，并采用李克特五点尺度量表来衡量。

由于理论界关于旅游休闲涉入的研究，尤其是旅游休闲涉入维度的研究已经十分成熟，因此，本研究这里对其采用验证性因子分析(见表5-3)。结果表明，其拟合极佳，拟合指标如下：Chi-Square = 131.01, df = 11 (p = 0.00000), GFI = 0.98, CFI = 0.99, NFI = 0.99, RMSEA = 0.069。

---

① Havitz, Dimanche. Leisure Involvement Revisited: Conceptual Conundrums and Measurement Advances. Journal of Leisure Research, 1997(29):245-278.
② Laurent, Kapferer. Measuring Consumer Involvement Profiles. Journal of Marketing Research, 1985, 22(1).
③ Dimanche, Havitz, Howard. Testing the Involvement Profile (IP) Scale in the Context of Selected Recreational and Touristic Activities. Journal of Leisure Research, 1991.
④ Holbrook, Hirschman. The Experiential Aspects of Consumption: Consumer Fantasies, Feelings, and Fun. Journal of consumer research, 1982:132-140.

表 5-3 旅游涉入的验证性因子分析

	重要性	象征性	愉悦性
旅游对我来说是很重要的休闲活动	0.67		
旅游对我来说是一件有意义的活动	0.66		
我觉得参加旅游是给自己的奖赏		0.68	
旅游是可以表现我个人风格的休闲活动		0.72	
我可以借由旅游来增进与家人、朋友的感情		0.41	
参与旅游活动让我得到很多乐趣			0.64
旅游是让我感到满意的休闲活动			0.74

由表 5-4 可知,愉悦性构面的平均分达到了 3.82,居于首位,这说明在某种意义上,旅游对于我国城镇居民很大程度上是一种能够增加乐趣的休闲活动;其次是重要性,这表明我国城镇居民将旅游视为一项较为重要的活动,平均分为 3.67;排在最后的是象征性,这说明旅游的象征价值相对城镇居民来说是相对次要的,即旅游的符号功能在我国城镇居民群体中表现还不是很明显,其平均得分为 3.60。

表 5-4 旅游休闲涉入各构面的平均得分与方差

层面	最小值	最大值	平均数	方差
重要性	1	5	3.67	0.80
象征性	1	5	3.60	0.73
愉悦性	1	5	3.82	0.77

4. 基于旅游消费行为核心因素的聚类分析

基于旅游消费行为核心变量的探讨,本研究利用 K-Means 聚类分析,运用因子分析所得到的"旅游动机"、"目的地选择因素"和"旅游涉入"等核心变量的相关因子来提炼我国城镇居民国内旅游的旅游消费模式。分析结果显示,选择 3 个集群能够使各因素之群间变异最大。因此,本文将我国城镇居民国内旅游消费划分为三种基本模式,即:

消费模式一:消极被动型。该消费模式样本数为 556 人,占总人数的 25.65%。其特征主要表现为所有动机因子、目的地选择因素及旅游涉入因子上都有较低的平均得分。旅游动机偏弱、旅游涉入程度不高、对目的地选择因素重视程度不够。各项均值绝大部分小于 3。

消费模式二:中间型。该消费模式样本数为1151人,占总人数的53.09%。其特征主要表现为所有动机因子、目的地选择因素及旅游涉入因子上的平均得分均处于中间位置。各项均值基本上在3~4之间。

消费模式三:积极主动型。该消费模式样本数为461人,占总人数的21.26%。其特征主要表现为所有动机因子、目的地选择因素及旅游涉入因子上都有最高的平均得分。旅游动机强烈、旅游涉入程度高、对目的地选择因素重视程度高。各项均值均在4.1以上。

表5-5 聚类分析之人数分配表

	人数	百分比%
集群一	556	25.65
集群二	1151	53.09
集群三	461	21.26
总计	2168	100

表5-6 各集群的核心因子之差异分析

	消极被动型	中间型	积极主动型	F检验	P值
motivation1	2.9978	3.7231	4.5401	1121.00	0.000**
motivation2	3.1253	3.7424	4.4805	1045.00	0.000**
motivation3	2.5561	3.0587	4.1866	1041.00	0.000**
motivation4	3.1705	3.8377	4.6156	1203.00	0.000**
motivation5	2.8218	3.4806	4.4302	1628.00	0.000**
importance1	3.4347	3.8842	4.6074	549.66	0.000**
importance2	3.5902	4.0598	4.6493	514.62	0.000**
importance3	2.8714	3.3169	4.3308	781.24	0.000**
involved01	2.8534	3.7467	4.487	1062.00	0.000**
involved02	2.8495	3.625	4.4425	1335.00	0.000**
involved03	3.0369	3.904	4.5662	989.244	0.000**

附注:**表示 $P<0.01$。

三、不同消费模式的旅游消费行为之差异

研究显示,三种旅游消费模式在参加国内旅游时的信息获取渠道、旅游方式选择、旅

伴、阻碍因素、景观类型偏好、平均停留时间、平均花费、出游频次等旅游消费行为方面存在显著差异。

旅游态度之差异。经过单因素方差分析及Scheffe事后检验,发现结果如下表所示:积极主动型的旅游态度最强,显著高于消极被动型和中间型游客;中间型游客的旅游态度又显著高于消极被动型。

表5-7 不同集群与旅游态度之差异的分析

	ANOVA 分析		事后检验
	F值	P值	
旅游态度	1286	0.000**	3>1,3>2,2>1

附注:**表示P<.01。

信息获取渠道。旅行社介绍和亲友介绍是三类旅游消费模式获得国内旅游相关信息的主要途径。报纸则是积极主动型旅游者获得信息的一个特别重要的途径(36.1%),这可能与积极主动型游客人口统计特征相关。网络、家庭推荐是消极被动型和中间型旅游者获取国内旅游相关信息的比较重要的渠道。由此可见,三类旅游者在信息获取渠道方面既存在相似性,又存在一定的差异。

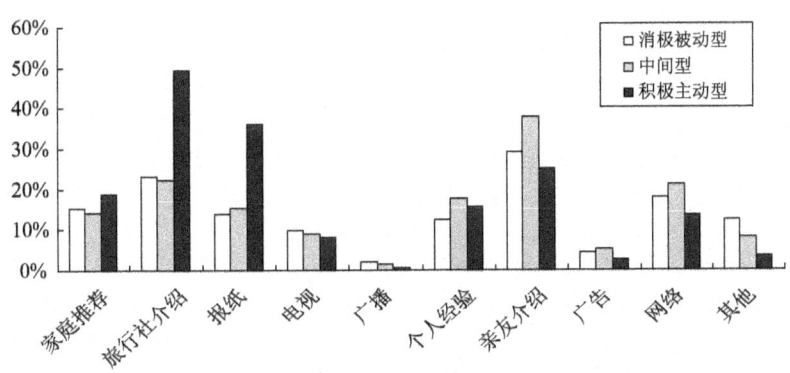

图5-1 三种旅游消费模式的信息获取渠道

旅游方式选择。由卡方检验可知,三类旅游消费模式在国内旅游的主要方式存在显著差异。三种模式的旅游方式都以完全自助旅游为主,但积极主动型群体内有51.91%采用完全自助旅游方式,高于消极被动型(30.55%)和中间型游客(31.01%);在单位组团旅游的游客中,消极被动型和中间型游客分别有80人和186人,分别占群体内总人数的25.72%和21.28%,而积极主动型集群内仅有12.84%在国内旅游时选择此种旅游方式;三类模式参加旅行社组团进行国内旅游的比例相近,分别有 27.33%、28.72%、23.22%;最后,三类模式群体参加国内旅游时采用半自助旅游方式和其他方式的人数均较少。这表明,城镇居民参加国内旅游的方式已经由组团旅游主导过渡为自助游主导的时代,由于自助游能够更好地使游客了解当地的文化和传统生活,具有更深刻的旅游体验,因此,积极主动型游客采用这种旅游方式的比例明显高于其他两种模式的旅游者。

表 5-8 不同集群与旅游方式的交互分析表

消费集群			国内旅游的主要方式					总计
			旅行社组团	单位组团	半自助旅游	完全自助旅游	其他	
	消极被动型	频数	85	80	43	95	8	311
		百分比	27.33%	25.72%	13.83%	30.55%	2.57%	100%
	中间型	频数	251	186	135	271	31	874
		百分比	28.72%	21.28%	15.45%	31.01%	3.55%	100%
	积极主动型	频数	85	47	37	190	7	366
		百分比	23.22%	12.84%	10.11%	51.91%	1.91%	100%
总计		频数	421	313	215	556	46	1551
		百分比	27.14%	20.18%	13.86%	35.85%	2.97%	100%
Likelihood Ratio Chi-Square = 59.042(0.000)								

附注:**表示 $P<0.01$。

国内旅游的游伴。三类旅游消费模式参加国内旅游的旅伴都以配偶、子女或父母、同事为主,但其排位顺序有所差异。在消极被动型游客中,旅伴为同事的在组内所占比例最高,为 36.98%,其次为配偶、子女或父母,其比例分别为 35.37% 和 27.65%;在中间型游客中,旅伴为配偶的在组内所占比例最高,为 39.43%,其次为同事、子女或父母,其比例分别为 30.63% 和 30.51%;而在积极主动型游客中,旅伴为配偶的在组内所占比例最高,为 55.98%,其次为子女或父母、同事,其比例分别为 48.91% 和 17.93%。相比而言,消极被动型游客的旅伴选择更倾向于家庭外成员,而积极主动型游客的旅伴选择更倾向于家庭内成员。从旅游方式的选择可以看出,这主要是由于消极被动型游客更多的是被动地跟从单位组织进行旅游,而积极主动型游客则更多的是进行自组织的家庭旅游。

表 5-9 不同集群与参加国内旅游游伴的交互分析表

			消费集群			总计
			消极被动型	中间型	积极主动型	
旅伴	独自一人	频数	15	64	36	115
		百分比	4.82%	7.31%	9.78%	
	配偶	频数	110	345	206	661
		百分比	35.37%	39.43%	55.98%	
	子女或父母	频数	86	267	180	533
		百分比	27.65%	30.51%	48.91%	
	亲友或邻居	频数	35	95	29	159
		百分比	11.25%	10.86%	7.88%	
	同事	频数	115	268	66	449
		百分比	36.98%	30.63%	17.93%	
	其他	频数	32	86	26	144
		百分比	10.29%	9.83%	7.07%	
总计		频数（百分比）	311（100.00%）	875（100.00%）	368（100.00%）	1554

旅游阻碍因素。三类旅游消费模式都认为"工作忙、没时间"为其参加国内旅游的主要障碍，在各群体内均占50%以上。这可解释为，目前虽然我国的制度性休闲时间很长，但现代社会竞争激烈、工作压力大，再加之工作伦理价值观，人们真正的休闲时间很有限，从而造成了"工作忙、没时间"成为我国城镇居民参加国内旅游的最主要障碍。经济不太宽裕也是消极被动型(33.39%)、中间型游客(32.05%)的主要障碍因素，但是对于积极主动型游客(21.99%)来说，经济的限制作用较弱，这主要是由于积极主动型游客一般都具有较高的收入水平、受教育程度和社会地位。旅游安全因素对积极主动型游客(24.54%)的障碍作用明显较中间型(13.88%)和消极被动型(9.54%)大，这与积极主动型游客更多选择完全自助游有关，同时也表明旅游企业在对积极主动型旅游者进行营销时，要特别关注目的地的旅游安全因素。

表 5-10　不同集群与参加国内旅游阻碍因素的交互分析表

			消费集群			总计
			消极被动型	中间型	积极主动型	
阻碍因素	工作忙、没时间	频数	277	699	233	1209
		百分比	50.83%	62.58%	53.94%	
	需要照顾家人	频数	71	170	57	298
		百分比	13.03%	15.22%	13.19%	
	经济不太宽裕	频数	182	358	95	635
		百分比	33.39%	32.05%	21.99%	
	身体欠佳	频数	48	62	71	181
		百分比	8.81%	5.55%	16.44%	
	害怕旅途劳累	频数	91	116	43	250
		百分比	16.70%	10.38%	9.95%	
	没有合适旅伴	频数	58	160	72	290
		百分比	10.64%	14.32%	16.67%	
	对旅游没兴趣	频数	53	19	7	79
		百分比	9.72%	1.70%	1.62%	
	担心旅游安全	频数	52	155	106	313
		百分比	9.54%	13.88%	24.54%	
	怕花钱受罪	频数	89	166	79	334
		百分比	16.33%	14.86%	18.29%	
	担心水土不服	频数	31	50	34	115
		百分比	5.69%	4.48%	7.87%	
	气候和天气	频数	75	184	95	354
		百分比	13.76%	16.47%	21.99%	
	家人不赞成	频数	25	72	50	147
		百分比	4.59%	6.45%	11.57%	

续表

			消费集群			总计
			消极被动型	中间型	积极主动型	
阻碍因素	旅游得不偿失	频数	18	31	4	53
		百分比	3.30%	2.78%	0.93%	
	还有更重要的事情要做	频数	42	111	40	193
		百分比	7.71%	9.94%	9.26%	
	其他	频数	8	23	4	35
		百分比	1.47%	2.06%	0.93%	
总计		频数	545	1117	432	2094
		百分比	(100.00%)	(100.00%)	(100.00%)	

景观类型偏好。总体来看,我国城镇居民最感兴趣的景观为海滨沙滩和山水风光;最不感兴趣的景观(旅游活动)为旅游购物、节庆活动与宗教寺庙。三类旅游消费模式在景观类型偏好方面存在很强的一致性。但是,积极主动型旅游者对各种景观类型的偏好都明显强于另外两类旅游者;而中间型旅游者对各种景观类型的偏好又都强于消极被动型游客。这说明出游动机的强弱会影响游客的景观偏好。

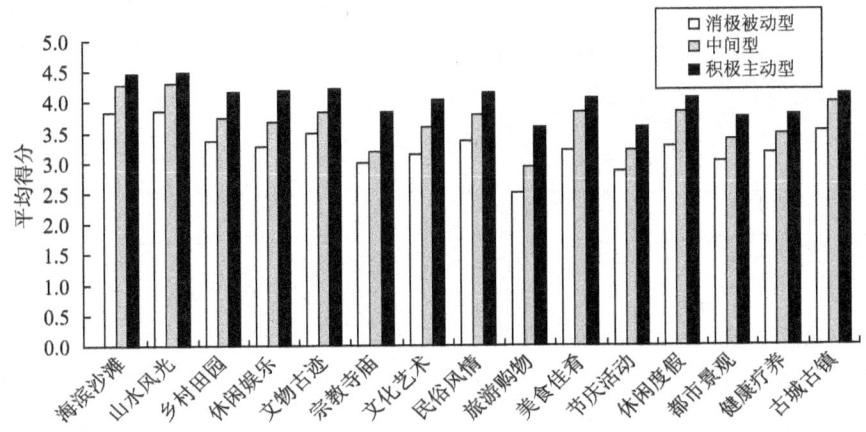

图 5-2 三种旅游消费模式的感兴趣景观类型

参加国内旅游时比较喜欢的活动。三个集群参加国内旅游时比较喜欢的活动均为欣赏自然风光、参观名胜古迹和休闲娱乐。在探险等刺激性活动中,积极主动型在组内的比例明显高于消极被动型和中间型游客,消极被动型在组内所占比例相对最低,原因可能与年龄相关;在健康疗养中,积极主动型游客在组内的比例明显高于消极被动型和中间型游客,中间型游客在组内所占比例相对最低;在主题游乐项目中,积极主动型游客在组内的比例明显高于消极被动型和中间型游客,消极被动型游客在组内所占比例相对最低;在体验乡村生活中,消极被动型游客在组内的比例明显高于积极主动型和中间型游客,积极主动型在组内所占比例相对最低。

表 5-11　不同集群与国内旅游比较喜欢活动的交互分析表

			消费集群			总计
			消极被动型	中间型	积极主动型	
近三年内,参加国内旅游比较喜欢的活动	休闲娱乐	频数	114	359	199	672
		百分比	17.40%	18.01%	20.37%	
	探险等刺激性活动	频数	33	99	91	223
		百分比	5.04%	4.97%	9.31%	
	健康疗养	频数	38	90	71	199
		百分比	5.80%	4.52%	7.27%	
	欣赏自然风景	频数	175	604	272	1051
		百分比	26.72%	30.31%	27.84%	
	参观名胜古迹	频数	152	465	197	814
		百分比	23.21%	23.33%	20.16%	
	体验乡村生活	频数	43	105	37	185
		百分比	6.56%	5.27%	3.79%	
	休闲运动	频数	41	92	36	169
		百分比	6.26%	4.62%	3.68%	
	文化体验活动	频数	22	66	27	115
		百分比	3.36%	3.31%	2.76%	
	看演出或表演	频数	10	42	14	66
		百分比	1.53%	3.52%	1.43%	
	主题游乐项目	频数	18	62	32	112
		百分比	2.75%	5.20%	3.27%	
	其他	频数	9	9	1	19
		百分比	1.37%	0.75%	0.10%	
总计		频数	655	1993	977	3625

平均停留时间。三类旅游消费模式在参加国内旅游的平均停留时间都以4~5天为主,但积极主动型群体内有50.50%的人停留时间在该时间段内,而消极被动型(36.00%)和中间型(38.10%)则相对较低;停留时间在2~3天的,消极被动型和中间型分别占29.30%和22.20%,而积极主动型仅有12.8%;停留时间在6~7天的,各模式类型比例相近,分别有20.99%、24.9%、23%;三类模式停留时间排在最后两位的均为"7天以上"和"1天以内"。

平均旅游花费。总体而言,积极主动型游客的平均花费高于中间型和消极被动型游客,而中间型游客又高于消极被动型游客。在1001~2000元、2001~3000元两个区间,积极主动型组内比例明显低于消极被动型和中间型;在3001~4000元、4001~5000元两个区间,积极主动型组内比例显著高于消极被动型和中间型;其他收入区间,三类旅游消费模式组内比例相差很小(参见图5-3)。

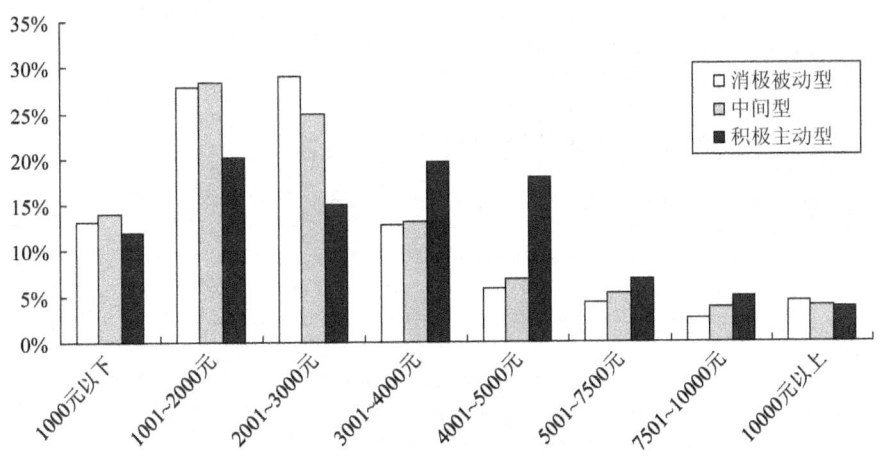

图5-3 三种旅游消费模式的国内旅游平均花费图

国内旅游频次。由卡方检验可知,三类旅游消费模式在国内旅游的频率上存在显著差异。从总体来看,积极主动型游客国内旅游的频率高于中间型游客和消极被动型,而中间型游客又高于消极被动型。消极被动型游客以"大约每年一次"为主,其次为"少于两年一次"和"约半年一次";中间型游客,以"大约每年一次"为主,但比例高于群体一,其次为"约半年一次";积极主动型游客则以"3~4次/年"的旅游频率为主,其次为"约半年一次"和"大约每年一次"。三个集群内旅游频率"多于4次/年"的游客均较少(参见表5-12)。

表 5-12 不同旅游消费模式参加国内旅游频率之差异分析表

		国内旅游频率						总计
		多于4次/年	3~4次/年	约半年一次	大约每年一次	约0.5~1次/年	少于两年一次	
消极被动型	频数	6	47	53	109	40	56	311
	百分比	1.9%	15.1%	17.0%	35.0%	12.9%	18.0%	100.0%
中间型	频数	19	99	191	377	69	122	877
	百分比	2.2%	11.3%	21.8%	43.0%	7.9%	13.9%	100.0%
积极主动型	频数	6	116	103	93	20	30	368
	百分比	1.6%	31.5%	28.0%	25.3%	5.4%	8.2%	100.0%
总计	频数	31	262	347	579	129	208	1556
	百分比	2.0%	16.8%	22.3%	37.2%	8.3%	13.4%	100.0%
Likelihood Ratio Chi-Square = 114.001(0.000)								

附注：** 表示 $P<0.01$。

参加国内旅游的费用由谁支付。从下表可知，参加国内旅游费用完全由自己或大部分由自己支付的人群中，积极主动型游客组内的比例明显低于中间型游客和消极被动型，而中间型游客的比例又明显高于消极被动型，分别为50.8%、68%和64.8%；而在小部分由自己或完全不是由自己支付的人群中，积极主动型游客组内比例又明显高于中间型游客和消极被动型，其比例分别为49.2%、32%和35.1%。原因可能是积极主动型游客中25岁以下、学生、公务员、教育与科研单位人员在三个集群中比例最高，学生或25岁以下的人群大多还没有独立的经济来源，公务员大都具有公费旅游的条件，而教育与科研单位人员由于现在学术会议增多而较多能够顺便旅游。中间型游客中处于25~44岁年龄段的在三个集群中比例最高，其大多有独立的生活来源，而消极被动型中处于55岁以上年龄段的在三个集群中比例最高，有一部分旅游的花费是由子女们负担。

表 5-13 不同集群与参加国内旅游费用支付者的交互分析表

			旅游费用由谁支付				总计
			全部由自己	大部分由自己	小部分由自己	完全不是由自己	
消费集群	消极被动型	频数	121	78	64	44	307
		百分比	39.41%	25.41%	20.85%	14.33%	100.00%

续表

			旅游费用由谁支付				总计
			全部由自己	大部分由自己	小部分由自己	完全不是由自己	
消费集群	中间型	频数	404	191	182	98	875
		百分比	46.17%	21.83%	20.80%	11.20%	100.00%
	积极主动型	频数	109	77	145	35	366
		百分比	29.78%	21.04%	39.62%	9.56%	100.00%
总计		频数	634	346	391	177	1548
		百分比	40.96%	22.35%	25.26%	11.43%	100.00%
Likelihood Ratio Chi-Square = 58.311(0.000)							

附注:** 表示 P<0.01。

参加国内旅游的决定者。三个集群参加国内旅游的决定者都主要为自己、子女或父母、同事,但其排位顺序有所差异。消极被动型游客中,决定者为自己的在组内所占的比例最高,达到了34.43%,其次为子女或父母、同事,其比例分别为27.87%和24.59%;在中间型游客中,国内旅游决定者为自己的在组内所占比例最高,为38.63%,其次为子女或父母、同事,其比例分别为34.40%和17.26%;而在积极主动型游客中,决定者为子女或父母的在组内所占比例最高,为44.84%,其次为自己和同事,其比例分别为29.35%和14.13%。

表5-14 不同集群与参加国内旅游决定者的交互分析表

			参加国内旅游的决定者					总计
			自己	配偶	子女或父母	亲友或邻居	同事	
消费集群	消极被动型	频数	105	22	85	18	75	305
		百分比	34.43%	7.21%	27.87%	5.90%	24.59%	100%
	中间型游客	频数	338	50	301	35	151	875
		百分比	38.63%	5.71%	34.40%	4.00%	17.26%	100%
	积极主动型	频数	108	31	165	12	52	368
		百分比	29.35%	8.42%	44.84%	3.26%	14.13%	100%
总计		频数	551	103	551	65	278	1548
		百分比	35.59%	6.65%	35.59%	4.20%	17.96%	100%
Likelihood Ratio Chi-Square = 36.570(0.000)								

附注:** 表示 P<0.01。

四、不同消费模式的人口统计特征之差异

研究显示,三种旅游消费模式在性别、年龄、居住情形、受教育程度、职业、平均月收入、婚姻状况和健康状况等方面存在显著分异。

性别分布。经卡方检验,似然比卡方值在0.1%的水平下,三类旅游消费模式在性别上的分异达到了显著水平:消极被动型游客的男性群体比例高于中间型游客和积极主动型;而女性的比例则低于中间型和积极主动型游客;中间型游客和积极主动型游客在男女比例上的分异不太明显。造成这些分异的原因可能是当前的社会是一个由男性主导的社会,男性在家庭和社会中的角色决定着男性要比女性承担更多的社会、工作压力和更大的社会、家庭责任,男性不得不将更多的闲暇时间用在工作上,从而致使男性的出游动机、旅游态度、出游频率等相对较低;相比之下,女性的工作压力较小,并且随着家庭劳务的机器替代化,女性拥有了比男性更多的休闲时间,如何度过闲暇成为女性生活中的一个重要问题,旅游在当代作为一种时髦的休闲方式引起了女性日益的关注,因而其旅游动机、旅游态度和出游频率较高。

表5-15 不同集群之性别交互分析表

			集群			总计
			消极被动型	中间型	积极主动型	
性别	男	频数	287	505	210	1002
		百分比	51.62%	43.95%	45.65%	46.28%
	女	频数	269	644	250	1163
		百分比	48.38%	56.05%	54.35%	53.72%
总计		频数	556	1149	460	2165
		百分比	100.00%	100.00%	100.00%	100.00%
Likelihood Ratio Chi-Square = 8.938(0.000)						

附注:**表示 $P<0.01$。

年龄分布。似然比卡方值在0.1%的水平下,三类旅游消费模式在年龄上的分异达到了显著水平:在55岁以上年龄段,消极被动型旅游者比例最高,原因可能是这部分城镇居民大部分为离退休人员,由于其收入和身体健康状况的限制,从而减弱了其出游动机和态度;在25~44岁年龄段,中间型旅游者比例最高,这个年龄段的人群处于青壮年,工作压力最大,处于事业打拼阶段,工作较忙,并且家庭负担较重,虽然收入水平较高、体

力充沛,但闲暇时间较少,出游动机和态度也就有所下降;在45～54岁和25岁以下年龄段,积极主动型旅游者比例最高。45～54岁年龄段的群体,一般来说处于事业的巅峰时期,事业有成,经济上已经有了一定的积累,闲暇时间也相对多了起来,并且旅游作为一种炫耀的工具也发挥了一定的作用,因此,该群体的旅游动机和态度均较强;而25岁以下群体,大多数为青年学生,由于其闲暇时间充裕、好奇心强,故多为积极主动型旅游者。

表5-16 不同集群之年龄交互分析表

			集群			总计
			消极被动型	中间型	积极主动型	
年龄	25岁以下	频数	89	247	111	447
		百分比	16.00%	21.48%	24.18%	20.65%
	25～34岁	频数	121	282	70	473
		百分比	21.76%	24.52%	15.25%	21.85%
	35～44岁	频数	153	345	108	606
		百分比	27.52%	30.00%	23.53%	27.99%
	45～54岁	频数	111	198	152	461
		百分比	19.96%	17.22%	33.12%	21.29%
	55～64岁	频数	49	51	16	116
		百分比	8.81%	4.43%	3.49%	5.36%
	65岁以上	频数	33	27	2	62
		百分比	5.94%	2.35%	0.44%	2.86%
总计		频数	556	1150	459	2165
		百分比	100.00%	100.00%	100.00%	100.00%
Likelihood Ratio Chi-Square = 109.639(0.000)						

附注:** 表示 $P<0.01$。

受教育程度。似然比卡方值在0.1%的水平下,因此,三类旅游消费模式在受教育程度上的分异达到了显著水平:在中专或高中及以下学历的人群中,积极主动型游客组内的比例(20.5%)明显低于中间型(33.2%)和消极被动型(46.9%),而中间型游客的比例又明显低于消极被动型;而在大学及以上的学历的人群中,积极主动型游客组内的比例(79.5%)又明显高于中间型(66.8%),中间型游客明显高于消极被动型(53.1%)。

造成这种分异的原因可能有以下几点:一是高学历者一般社会地位和收入较高,较高的收入加强了人们参加国内旅游的动机;二是一般来说,高学历者对外部世界的认知和探索欲望更强;三是高学历者更多从事脑力劳动,工作压力因此也更大,逃逸的可能性更高。

表 5-17 不同集群之受教育程度交互分析表

			集群			总计
			消极被动型	中间型	积极主动型	
受教育程度	小学	频数	27	19	6	52
		百分比	4.91%	1.67%	1.34%	2.43%
	初中	频数	58	71	13	142
		百分比	10.55%	6.23%	2.90%	6.64%
	中专或高中	频数	173	288	73	534
		百分比	31.45%	25.29%	16.29%	24.99%
	大学	频数	254	693	296	1243
		百分比	46.18%	60.84%	66.07%	58.17%
	研究生	频数	38	68	60	166
		百分比	6.91%	5.97%	13.39%	7.77%
总计		频数	550	1139	448	2137
		百分比	100.00%	100.00%	100.00%	100.00%
Likelihood Ratio Chi-Square = 104.633(0.000)						

附注:**表示 $P<0.01$。

职业分布。似然比卡方值在 0.1% 的水平下,三类旅游消费模式在职业上的分异达到了显著水平:职业为公务员者,积极主动型游客组内的比例(18.14%)明显高于中间型游客(10.70%)和消极被动型(8.32%),原因可能是公务员的社会地位、职业声望较高,工作稳定,有较多的、顺便的出游机会(公费旅游);退休人员中,消极被动型游客的组内比例(11.57%)明显高于中间型(4.52%)和积极主动型(1.55%),主要是由于该人群的收入和健康条件的限制造成的;教育和科研单位人员中,积极主动型游客的组内比例(10.84%)明显高于中间型游客(6.00%)和消极被动型(5.42%),教育和科研单位人员的休闲时间是相对较多的,并且随着我国对教育的重视,该人群的收入、待遇和社会地位不断提高;学生中,积极主动型(10.18%)和中间型游客的比例(10.00%)明显高于消极被动型(7.41%),这是由于他们年轻,有激情、有活力、爱活动、爱冒险,比较倾向于参加旅游活动,其次是因为大学生的休闲时间充裕,享受寒暑假和国家法定假日;自由职业者或个体就业人员中,消极被动型游客的比例(9.95%)明显高于中间型游客(7.39%)和积极主动型(6.19%),这可能是因为他们的工作较忙,一年四季闲暇时间较少,所以他们自主的出游机会少,多属兼顾型的顺便出游者。

表 5-18 不同集群之职业交互分析表

			集群			总计
			消极被动型	中间型	积极主动型	
职业	公务员	频数	46	123	82	251
		百分比	8.32%	10.70%	18.14%	11.65%
	国有企业员工	频数	80	231	60	371
		百分比	14.47%	20.09%	13.27%	17.22%
	外资企业员工	频数	28	47	30	105
		百分比	5.06%	4.09%	6.64%	4.87%
	学生	频数	41	115	46	202
		百分比	7.41%	10.00%	10.18%	9.37%
	私有企业员工	频数	62	139	43	244
		百分比	11.21%	12.09%	9.51%	11.32%
	事业单位员工	频数	86	172	64	322
		百分比	15.55%	14.96%	14.16%	14.94%
	个体就业或自由职业者	频数	55	85	28	168
		百分比	9.95%	7.39%	6.19%	7.80%
	退休人员	频数	64	52	7	123
		百分比	11.57%	4.52%	1.55%	5.71%
	军人/警察	频数	14	28	10	52
		百分比	2.53%	2.43%	2.21%	2.41%
	教育和科研单位人员	频数	30	69	49	148
		百分比	5.42%	6.00%	10.84%	6.87%

续表

			集群			总计
			消极被动型	中间型	积极主动型	
职业	其他	频数	47	89	33	169
		百分比	8.50%	7.74%	7.30%	7.84%
总计		频数	553	1150	452	2155
		百分比	100.00%	100.00%	100.00%	100.00%
Likelihood Ratio Chi-Square = 108.039(0.000)						

附注:** 表示 $P<0.01$。

最近三年的平均月收入。总体来看,积极主动型旅游者的收入水平明显高于中间型游客和消极被动型,而中间型游客的收入水平又明显高于消极被动型。三类旅游消费模式在收入上的分异具体表现为:收入在3000元以内,积极主动型游客(47.02%)的比例明显低于中间型(67.19%)和消极被动型(70.16%);收入在3001~10000元,积极主动型游客(49.23%)比例明显高于中间型游客(28.85%)和消极被动型(25.32%),而中间型游客比例也明显高于消极被动型。这种分布特征说明,家庭月均收入水平是影响人们出游的一个重要因素,但不是唯一因素,原因是每一级收入层次中都有一些出游动机水平高、喜欢旅游的积极出游者。因此,经济因素只是影响人们出游的众多因素之一,要研究人们的出游特征不能仅仅关注经济因素。

表5-19 不同集群之平均月收入交互分析表

			集群			总计
			消极被动型	中间型	积极主动型	
最近三年的平均月收入	1000元以下	频数	73	159	54	286
		百分比	13.20%	13.98%	11.92%	13.07%
	1001~2000元	频数	154	322	91	567
		百分比	27.85%	28.32%	20.09%	26.46%
	2001~3000元	频数	161	283	68	512
		百分比	29.11%	24.89%	15.01%	23.89%

续表

			集群			总计
			消极被动型	中间型	积极主动型	
最近三年的平均月收入	3001~4000元	频数	71	149	89	309
		百分比	12.84%	13.10%	19.65%	14.42%
	4001~5000元	频数	32	77	81	190
		百分比	5.79%	6.77%	17.88%	8.87%
	5001~7500元	频数	23	60	31	114
		百分比	4.16%	5.28%	6.84%	5.32%
	7501~10000元	频数	14	42	22	78
		百分比	2.53%	3.69%	4.86%	3.64%
	10000元以上	频数	25	45	17	87
		百分比	4.52%	3.96%	3.75%	4.06%
总计		频数	553	1137	453	2143
		百分比	100.00%	100.00%	100.00%	100.00%
Likelihood Ratio Chi-Square = 96.582(0.000)						

附注：**表示 $P<0.01$

健康状况。经过单因素方差分析及雪弗(Scheffe)事后检验,发现积极主动型旅游者(Mean=4.44)的健康状况最好;中间型旅游者(Mean=4.06)的健康状况又显著好于消极被动型;消极被动型(Mean=3.86)的健康状况最差。正因为积极主动型游客比较健康,所以他们才有较强的旅游动机和涉入程度。由此可以推论:身体健康状况是人们出游的一个比较重要的前提条件,它影响着人们的旅游动机、旅游涉入及对目的地选择因素的重视程度。

五、小结

本研究借由旅游动机、旅游涉入和目的地选择因素三个旅游消费行为的核心变量中所提取的11个因子提炼出我国城镇居民国内旅游消费的三种基本模式,即积极主动型(成熟)、中间型、消极被动型(稚嫩)。同时,研究发现不同类型的旅游消费模式在基本消费行为和人口统计特征等方面均存在显著差异。

(1)消极被动型:信息获取渠道以旅行社、亲友介绍和网络为主;停留时间以

4~5天、2~3天为主;出游方式上完全自助游、旅行社组团、单位组织比例相差不大;平均花费以2001~3000元、1001~2000元两个区段为主,所占比例均大于25%;出游频率集中在每年一次左右;工作忙、经济不宽裕是其出游两大障碍性因素;旅游景观类型偏爱山水风光、海滨沙滩、古城古镇、休闲度假和美食佳肴;旅伴以同事、配偶、子女或父母为主。在人口统计特征方面,消极被动型以男性为主,收入水平偏低,年龄以55岁以上占较大比例,相较于其他两类职业中退休人员、自由择业者/个体就业所占比例明显偏大,受教育程度较低,健康状况较差,多为首次出游者。因此,鉴于该类型旅游者对价格较为敏感,建议旅游企业向消极被动型旅游者作宣传时突出低价、短期的旅游项目或路线,在宣传和服务中要将医疗服务放在特殊重要的位置上,而导游服务也要考虑到该人群受教育水平偏低的现实情况而有适当的调整。同时,增强对该群体的旅游宣传和旅游知识的普及,提升其旅游意识,努力将一部分消极被动型的旅游者转变为中间型和积极主动型旅游者。

(2)中间型游客:信息获取渠道以旅行社、亲友介绍、网络为主;停留时间以4~5天、6~7天为主;出游方式上完全自助游、旅行社组团、单位组织比例相差不大;平均花费集中于1001~2000元、2001~3000元、3001~4000元、1000元以下各区段;出游频率集中在每年一次和半年一次;工作忙、经济不宽裕是其出游两大障碍性因素;旅游景观类型偏爱自然风景、名胜古迹、休闲娱乐;旅伴以配偶、同事、子女或父母为主。在人口统计特征方面,中间型游客是我国旅游者的主体(53.09%),收入水平中等,年龄在25~44岁之间的占较高比例,受教育程度中等,健康状况中等,多为大众旅游者。因此,旅游企业或目的地针对该类型的旅游者应更强调旅游项目的身心放松、缓解压力等方面的功能。同时,由于该类型群体所占市场份额较大,也是竞争最为激烈和普遍的旅游市场,旅游企业和旅游目的地应当采取多种方式和渠道进行宣传和营销,并在此基础上进行更进一步的市场细分,将一部分中间型旅游者转变成积极主动型的旅游者。

(3)积极主动型:信息获取渠道以旅行社、报纸、亲友介绍为主;停留时间以4~5天、6~7天为主;出游方式上完全自助游占半壁江山,其次为旅行社组团;平均花费集中在1001~2000元、3001~4000元、4001~5000元三个区段,比例均在15%以上,2001~3000元、1000元以下比例也较高,都在10%以上;出游频率集中在每年3~4次,每年一次和半年一次的比例也较高;工作忙、担心旅游安全、经济不宽裕是其出游三大障碍性因素;旅游景观类型偏爱自然风景、名胜古迹、休闲娱乐;旅伴以配偶、子女或父母、同事为主。在人口统计特征方面,积极主动型男性较少,女性更多,收入水平较高,职业中公务员、事业单位员工、国有企业员工、教育和科研单位人员占有较高比例,年龄以25岁以下及45~54岁为主,受教育程度较高,健康状况良好,多为经验丰富和品质要求型旅游者。因此,可将该类型的旅游者作为中高消费水平的群体,重点可推出一些出游时间较长、高品质的精品旅游项目或旅游路线,而不必过分强调价格的低廉;要吸引这类型的旅游者,报纸是十分重要的宣传媒介;同时,要着重强调旅游目的地的安全形象的建设,良好的旅游目的地形象是吸引该类型旅游者的重要前提条件。

从以上分析亦可以看出,旅游动机与旅游涉入、目的地选择因素的重视程度、对各类景观的兴趣程度等具有显著正相关。这说明旅游动机一定程度决定了旅游者的旅游涉入、旅游态度以及景观兴趣偏好等,进而将严重影响到旅游者的体验质量和满意程度。这一结论与以往有关文献的结论相一致。比如,科恩(Cohen)深入探讨了旅游动机与旅游体验之间的关系。他认为每个人会因为旅游动机的不一,而获得不同的体验[1]。同时,皮尔斯(Pearce)认为旅游动机和旅游体验品质之间存在着逻辑关系:旅游动机层次越高,旅游体验以及得以满足后产生的满意度也将越高[2]。

本研究对我国城镇居民国内旅游消费模式展开研究,对于构建我国本土化旅游营销理论以及指导目的地和旅游企业进行营销都将具有重要价值。营销理论的根本依据是消费者行为,而不同文化、不同民族的旅游消费行为具有显著差异。旅游消费模式的提炼,将有利于目的地和企业准确把握旅游细分市场特点,有利于更好地开发新的旅游产品,有利于更好地调整和制定营销策略,为旅游营销实践提供有力的理论指导。

---

[1] Cohen. Toward Sociology of International Tourism. Social Research,1972 (39):164-182.
[2] Pearce. The Ulysses Factor:Evaluating Visitors in Tourist Settings. New York:Springer Verlag,1988.

第六章 若干旅游消费专题研究

一、近期内未出游城镇居民的旅游消费行为

1. 引言

目前,学术界对非消费者及其限制因素知之甚少,在更广的范围内,研究消费行为的学者偶尔会提到这个群体,但通常都是夹杂在消费者细分中附带讨论,例如,劳登(Loudon)和德尔皮塔(Della Bitta)在研究消费者细分时建议:营销努力应该集中于初次消费者和忠诚消费者而不是非消费者。他们缺乏对后一个群体的关注,这暗示了非消费者群体是一个对营销者来说缺乏吸引力的目标群体。然而,对许多产品来说,非消费者可能代表着一个重要的潜在市场机会,未来将会有更多的非消费者转变为消费者。①

此种情况同样存在于旅游学术界。目前,对于个体旅游者为什么、到哪里、何时去旅游的研究很多,但对于那些不参加旅游的消费者的研究却很少。赫德森(Hudson)认为,对旅游业中非消费者的研究甚少,其部分原因在于要准确研究他们还较为困难②。然而,对于旅游业而言,尽管研究非消费者群体较为困难,但这对市场营销人员仍是至关重要的,因为这些被忽略掉的未出游的消费者则很有可能是一个巨大的潜在旅游市场,多数旅游组织必须吸引新的消费者,以求得生存和发展,因此,准确了解人们不购买某些产品的原因及他们的购买偏好就显得极为重要。同时,对非消费者群体的研究有助于市场营销人员区分不同类型的非消费者,以便更有针对性地传递市场信息。此外,了解这些群体的局限性因素还有助于促进潜在需求转化为现实需求。目前,国内还没有学者就"非旅游者"进行研究,国外文献也只见赫德森(Hudson)和吉伯特(Gibert)对英国某一健康俱乐部滑雪参与者和非滑雪者限制性因素的探讨。通过一系列的深度访谈,他们认为非

---

① Loudon, Della Bitta. Consumer Behavior:Concept and Applications. NY:McGraw-Hill,1993.
② Hudson. Consumer Behavior Related to Tourism. New York:Haworth Press,1999.

滑雪者不参加滑雪的障碍因素主要是个人内部的,而滑雪参加者的障碍性因素主要是时间、家庭和经济等结构性障碍因素①。鉴于此,本专题从旅游障碍和目的地选择偏好两方面来对我国那些近期内(指三年以内)未出游的城镇居民进行较为系统的研究,从而丰富消费者行为理论以及旅游消费者行为理论。

2. 理论评述

旅游障碍。旅游障碍通常指限制或阻碍人们参加旅游的因素。雷珀(Leiper)认为,在一个人参加旅游之前,他必须摆脱一系列的阻碍因素,例如照顾病人、孩子、小动物和心理阻碍,尽管他并未指出人们如何克服这些障碍及它们存在的原因,但他确实认识到了这些障碍性因素的存在②。吉伯特(Gilbert)也认为旅游障碍就像过滤器一样限制了个体对旅游的需求和动机③。杰克逊(Jackson)则认为,障碍以及对障碍的感知自觉或不自觉地渗入到个人决策过程之中④,然而史密斯(Smith)在讨论残疾人的旅游障碍时,首先指出了限制性因素不仅存在于旅游决策中,旅游体验和旅游经历也受限制性因素的影响⑤。该领域的许多研究都借鉴了休闲限制因素框架和研究方法,如参加特定种类的旅游活动,包括滑雪和自然旅游;特定社会群体的旅游体验或经历,例如银发族、残疾人和妇女等。值得一提的是,彭宁顿-盖伊(Pennington-Gray)和克斯特(Kerstetter)就在自然旅游中检验了克劳福德(Crawford)和戈比(Godbey)模型的适用性,而该模型是休闲研究领域最权威的障碍因素模型,该研究证实了克劳福德(Crawford)和戈比(Godbey)休闲障碍模型同样适用于旅游情境中(包括旅游决策和旅游体验)。并指出个人内在障碍因素包括旅游信息、安全和参加技能;人际互动障碍包括家庭成员的兴趣、朋友和游伴的影响;结构性障碍因素包括金钱、天气、道路状况、时间、地理距离和设备等⑥。同样,斯帕克斯(Sparks)和潘(Pan)基于中国的文化大背景,探讨了中国出境旅游者进行旅游决策时的关键性限制因素,包括人民币汇率、旅行成本、旅游中的安全、旅游时间和政府对于签

---

① Gilbert, Hudson. Tourism Demand Constraints: A Skiing Participation. Annals of Tourism Research, 2000, 27(4): 906-925.
② Leiper. Evaluation of Organised Tourism Involving Wild Kangaroos. Queensland: CRC for Sustainable Tourism, 2003.
③ Gilbert. Linear Systems with State and Control Constraints: The Theory and Application of Maximal Output Admissible Sets. Automatic Control, 1991, 36(9): 1008-1020.
④ Jackson. A Hierarchical Model of Leisure Constraints. Leisure Sciences, 1991, 13(4): 309-320.
⑤ Smith. Leisure of Disable Tourists: Barriers to Participation. Annals of Tourism Research, 1987, 14(3): 376-389.
⑥ Pennington-Gray, Kerstetter. Testing a Constraints Model within the Context of Nature-based Tourism. Journal of Travel Research, 2002, 40(4): 416-423.

证的限制等[1]。

旅游目的地选择影响因素与偏好。旅游目的地选择一直是旅游消费行为研究的一项重要内容,它是一种实际限制(如时间、金钱、技术)与目的地印象间相互作用的函数。早在1967年坎贝尔(Campbell)就根据旅游过程中游览和逗留的不同目的,把游客划分成"旅游者"和"长期度假者"两种基本类型,并认为他们在旅游线路选择上存在差异。之后,学术界研究的重点大都放在了旅游目的地选择的影响因素及建构旅游目的地选择模型上,经过40多年的研究,学术界在旅游目的地选择的影响因素方面已经积累了丰富的成果。西尼尔(Senior)早在1980年就提出了目的地影响潜在游客之有利及不利的20个因素[2];与此类似,厄姆(Um)和克朗普顿(Crompton)认为存在影响旅游目的地选择的认知便利因子和认知抑制因子,并发现认知便利因子是从早期记忆组合到最后记忆组合的重要指标,而认知抑制因子则是从最后记忆组合到选出最终目的地的重要指标[3]。其他学者则分别在此基础上提出了一些目的地选择新的影响变量,如目的地知名度、旅游者态度、消费者知觉距离、态度、风险认知水平和收入等。最近,尼古拉(Nicolau)则进一步丰富了目的地选择影响因素模型,认为旅游目的地的距离与价格影响旅游者目的地的选择,但是旅游动机对其具有调节作用[4]。国内学者也在该领域进行了较为丰富的研究,但内容大多是借鉴国外研究框架的本土化研究。

3. 问卷调查与样本概况

本研究采用分层抽样和方便抽样相结合的方法,调查对象为我国城镇居民。首先,抽取了200人进行前测,做探索性因子分析,用以对量表进行维度分析与修订。在正测阶段,于2010年1月至3月展开问卷调查,共发放2500份调查问卷。首先,本文采用分层抽样的方法。按照我国地理区域的划分及国内旅游者分布的密度,确定将一定比例的问卷分别发放于我国的东北地区、西北地区、东部沿海地区、中部地区和西南地区,然后我们依次选取了这五大地区的一些主要省会城市和其他中小城市共15个。在此之后,我们主要采用的是方便抽样的方法,主要是通过东北财经大学2008级、2009级部分本科

---

[1] Sparks,Pan. Chinese Outbound Tourists:Understanding Their Attitudes,Constraints and Use of Information Sources. Tourism Management,2009,30(4):483-494.

[2] Senior. A Decade of Development in Spatial Interaction and Travel Demand Modelling:A Brief Overview,A Colloquium on Quantitative on Theoretical Geography. University of Cambridge,1981.

[3] Um,Crompton. The Roles of Perceived Inhibitors and Facilitators in Pleasure Travel Destination Decisions. Journal of travel research,1992,30(3):18-25.

[4] Nicolau. Stochastic Modeling:A Three-stage Tourist Choice Process. Annals of Tourism Research,2005,32(1):49-69.

生和2009级旅游管理硕士研究生在寒假回家期间对其家乡所在地的城镇居民发放调查问卷。调查问卷的内容主要包括如下三部分内容：一是，受访对象的人口统计变量；二是，受访对象参加国内旅游的障碍性因素及其影响因素；三是，受访者参加国内旅游的目的地选择偏好及影响因素。同时，本研究所有参与调研的人员均在发放调查问卷之前参加了一次系统的培训，并由课题主持人就本次研究的目的、意义和研究内容进行了较为详细的讲解。最终有效回收的问卷为2296份，有效回收率为91.84%。其中，有639位受访者近期内（最近三年内）未参加过任何国内旅游活动，这639位受访者的基本资料描述如下：

表6-1 研究样本的基本信息

特征	特征细分	频数	百分比%	特征	特征细分	频数	百分比%
性别	男	306	47.9	受教育程度	小学	24	3.8
	女	332	52.0		初中	76	11.9
平均月收入（最近三年）	1000元以下	137	21.4		中专或高中	232	36.3
	1001~2000元	240	37.6		大学	271	42.4
	2001~3000元	143	22.4		研究生及以上	26	4.1
	3001~4000元	54	8.5	职业	公务员	31	4.9
	4001~5000元	20	3.1		国有企业员工	94	14.7
	5001~7500元	13	2		外资企业员工	20	3.1
	7501~10000元	9	1.4		学生	69	10.8
	10000元以上	12	1.9		私企员工	103	16.1
年龄	25岁以下	159	24.9		事业单位员工	63	9.9
	25~34岁	141	22.1		个体就业或自由职业者	79	12.4
	35~44岁	154	24.1		退休人员	55	8.6
	45~54岁	112	17.5		军人/警察	17	2.7
	55~64岁	43	6.7		教育和科研单位人员	21	3.3
	65岁以上	29	4		其他	80	12.5

注：不足639者为数据缺失值。

4. 近期内未出游群体的障碍性因素分析

通过将过去三年内"未参加国内旅游"与"参加过国内旅游"城镇居民的出游障碍性因素进行对比分析（见表6-2）可知，"工作忙、没时间"和"经济不太宽裕"均为二者最主要的两大阻碍因素,这是他们的相似之处。就不同点而言,其一,近期内未参加过国内旅游活动的城镇居民的休闲时间较为充裕,但其经济条件对其出游的障碍性更大,原因可能是该群体的收入水平较低造成的,这一点将在下文进行详细分析;其二,身体健康状况对近期内未出游的城镇居民的阻碍更大,有11.7%的未出游群体认为这是阻碍其参加国内旅游的主要因素,而仅有7.7%的近期内出游群体对这一点表示认同;其三,有18.20%、7%和3.70%的未出游群体认为其之所以不参加国内旅游的原因是"怕花钱受罪"、"对旅游没兴趣"和"旅游得不偿失",而仅有15.40%、2.8%和2.40%的近期内出游群体认为这三个因素是阻碍其出游的障碍因素,这涉及旅游意识或旅游态度的问题,亦将在下文进行更加详细的讨论。

表6-2 阻碍因素对比分析表

阻碍因素	过去三年未参加国内旅游者			过去三年内参加过国内旅游者		
	频数	百分比	人数百分比	频数	百分比	人数百分比
工作忙、没时间	293	23.18%	45.85%	979	28.32%	59.08%
需要照顾家人	87	6.88%	13.62%	216	6.25%	13.04%
经济不太宽裕	252	19.94%	39.44%	418	12.09%	25.23%
身体欠佳	67	5.30%	10.49%	126	3.56%	7.60%
害怕旅途劳累	67	5.30%	10.49%	196	5.67%	11.83%
没有合适旅伴	71	5.62%	11.11%	233	6.74%	14.06%
对旅游没兴趣	40	3.16%	6.26%	46	1.33%	2.78%
担心旅游安全	73	5.78%	11.42%	261	7.55%	15.75%
怕花钱受罪	104	8.23%	16.28%	251	7.26%	15.15%
担心水土不服	33	2.61%	5.16%	90	2.60%	5.43%
气候和天气	71	5.62%	11.11%	301	8.70%	18.17%
家人不赞成	32	2.53%	5.01%	121	3.50%	7.30%
旅游得不偿失	21	1.66%	3.29%	39	1.13%	2.35%
还有更重要的事情要做	41	3.24%	6.42%	156	4.51%	9.41%
其他	12	0.95%	1.88%	24	0.69%	1.45%
总计	1264	100.00%	197.81%	3457	100.00%	208.63%

近期内未出游群体的平均月收入水平分析。通过对比分析(见图6-1),本研究发现城镇居民中近期未出游群体的收入水平普遍偏低。月收入水平在2000元以下的占到了该群体的60%,而那些近期内参加过国内旅游活动的群体则只有33.3%的受访者月收入水平在2000元以下;同样,月收入水平在3000元以上的仅占近期未出游群体的17.2%,

但有42.7%的近期内参加过国内旅游活动的群体的收入在该水平之上。通过以上的对比分析,可以看出两个群体在收入水平上存在着巨大的差距,这也就难怪"经济条件不宽裕"成为阻碍那些近期内未出游群体的重要因素,而对那些近期有过国内旅游经验的群体则是相对次要的因素。

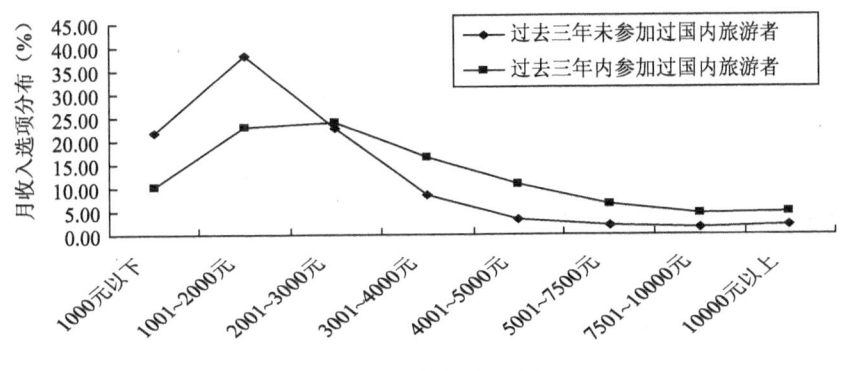

图6-1　平均月收入对比分析图

近期内未出游群体的身体状况分析。参加旅游活动是需要付出一定体力和精力的,因此,健康成为参加旅游的一个重要前提。通过图6-2,本研究发现那些过去三年内未参加过国内旅游活动的群体,健康状况普遍较差,其中"身体状况很好"的仅占该群体总人数的28.1%;相对而言,那些近期内参加过国内旅游活动的群体"身体状况很好"的人则明显高于近期内未参加过国内旅游的群体,占总人数的36.8%。类似地,那些过去三年内未参加过国内旅游活动的群体中选择健康状况为"普通"、"差"和"很差"的组内比例则均显著地高于过去三年内参加过国内旅游活动的群体。从以上的分析可知,相对于近期参加过旅游活动的群体而言,近期没有参加过国内旅游活动的群体身体状况更差。同时,参加旅游活动有助于身体的健康,而这又在一定程度上使该因素的阻碍作用循环往复,形成了一个怪圈。

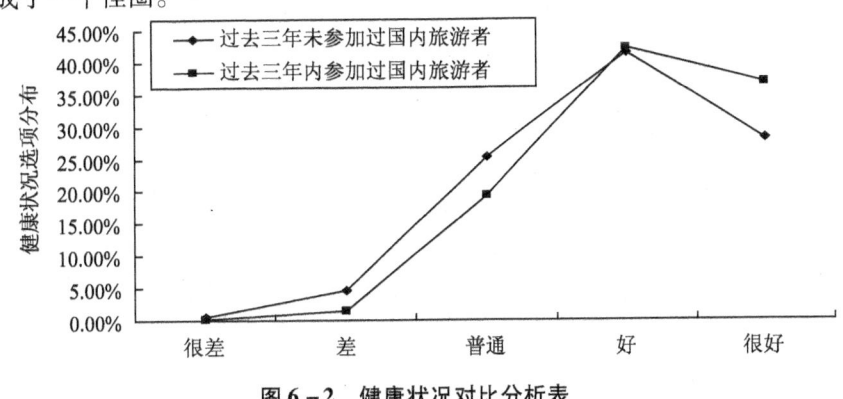

图6-2　健康状况对比分析表

近期内未出游群体的旅游态度和旅游动机分析。旅游态度,指个体对于旅游活动的一种观点、一种行为倾向,它的强弱会影响个体从事旅游活动的程度。旅游态度一般包括旅游认知、旅游情感和旅游意向三种成分。旅游认知泛指个体对旅游态度对象所持有的知识、知觉、信念与见解。旅游情感是指对于形成旅游态度的对象所表现出来的好恶、肯定与否定的情感判断。旅游意向指旅游者在进行旅游活动之前的心向和准备状态。这三项因素是一个整体,相互衔接,即旅游态度由旅游认知开始,经过旅游情感而发展为旅游意向。本研究旅游态度量表是在参考了国内相关本土化量表的基础上修订而成,包括8个问项,采用李克特五点尺度量表来衡量。经过信度分析,得到 Cronbanch' α 值为0.912,这表明该量表具有较高的信度。运用探索性因子分析方法对组成旅游态度的主要因素进行因子提取,得出的 KMO 的值为 0.934, Bartlett's 球形检验的显著性水平达到0.000,完全符合因子分析的条件,经主成分分析法提取特征值大于1的因子,结果表明共有一个因子,累计解释总变异61.985%。由表6-3可知,近期内未出游者的旅游态度平均分为3.18,而近期内出游群体的旅游态度平均得分为3.66,通过T检验,二者的平均得分差异达到显著水平。以上分析结果在一定程度上表明,近期内未出游的群体旅游态度、旅游意识普遍较低,原因既可能与其个人特质有关,也可能是因为其对旅游知识的了解较少,或旅游宣传不到位等。

表6-3 旅游态度平均得分的差异性分析表

	最小值	最大值	平均得分	标准差	T值
未出游者旅游态度	1	5	3.18	0.76	14.3
出游者旅游态度	1.25	5	3.66	0.69	(P<0.001)

近期内未出游的人群同样存在旅游动机,正如吉伯特(Gilbert)所说,旅游障碍就像过滤器一样限制了个体对旅游的需求和动机才导致了人们没有出游[1]。本文在深度访谈的基础上,以德赖弗(Driver)、布朗(Brown)和彼得森(Peterson)的问卷[2]为基础,参考了国内外其他关于旅游动机的学术文献,最终设计出了30个问项。根据"中国城镇居民的旅游动机与消费模式"课题中提取的五个动机因子,分别为逃避动机、关系动机、心灵寻求动机、审美动机和享受与成就动机,分别计算了"近三年内未参加过国内旅游活动"和

---

[1] Gilbert. Linear Systems with State and Control Constraints: The Theory and Application of Maximal Output Admissible Sets. Automatic Control, 1991, 36(9):1008-1020.

[2] Driver, Brown, Peterson. Benefits of Leisure. US: Venture Publishing, 1991.

"近三年参加过国内旅游活动"的城镇居民在各个动机层面上的平均得分。从表6－4可以看出,近期内未出游者在各个旅游动机层面上的平均分均低于那些近期内参加过国内旅游活动的群体,经过T检验,二者的差异达到统计上的显著水平。由此可见,阻碍那些近期内未参加国内旅游者参加国内旅游的一个重要原因就是该群体旅游动机不强。因此,如何激活该群体的旅游动机将成为使该群体从"潜在游客"变为"现实游客"的关键。

表6－4 旅游动机平均得分的差异性分析

	逃避动机	关系动机	心灵寻求动机	审美动机	享受与成就动机
过去三年未参加过国内旅游者	3.48	3.61	3.05	3.62	3.36
过去三年内参加过国内旅游者	3.79	3.79	3.21	3.91	3.57
T值	9.13 ($P<0.001$)	5.98 ($P<0.001$)	4.37 ($P<0.001$)	9.13 ($P<0.001$)	6.44 ($P<0.001$)

5. 基于非参数 Ridit 的旅游目的地选择偏好

许春晓等在2008年的一项研究中指出:以特定城市居民作为抽样调查对象,就潜在客源市场的目的地选择进行研究,可以全面地反映旅游者目的地选择的整体特征,具有理论意义,同时对潜在旅游市场开发有指导意义[①]。因此,本研究以近期未出游群体这一巨大的潜在市场作为研究对象,通过与近期出游群体样本进行对比分析,从而发现这一潜在市场在目的地选择因素方面的独特性。本研究所使用的旅游目的地选择影响因素量表是在参考徐(Hsu)等[②]基础上提出的。

研究表明,要从顺序数据中获得定距或定比数据的信息是很难的,因此单纯应用定距分级或评分进行各处理强弱的比较,数据的关系可能与客观实际不符,因此,需要根据数据的基本结构重新计算量表等级,从而做出客观的评价。Ridit 分析法是一种非参数的统计方法,它的基本原理是,取一个样本较多的组或将几组数据汇总成为对照组,根据参照组的样本结构将原来各组响应数变换为参照得分——Ridit 得分,利用变换后的 Ridit 得分进行各处理之间的强弱比较。由于受访者是以顺序尺度(从"非常不重要"到"非常

---

① 许春晓,马莹莹,唐德彪.怀化市民旅游目的地选择影响因子的偏好分异研究.湖南财经高等专科学校学报,2008(5).
② Hsu. The Preference Analysis for Tourist Choice of Destination: A Case Study of Taiwan. Tourism Management,2009, 30(2):288－297.

重要")来表达其在选择旅游目的地时的考量因素,故同样以 Ridit 分析方法检验各项题目间是否有差异。将计算的结果列于下表,若两组的置信区间有重叠表示无差异,不重叠则为有差异。由于本研究处理资料时,得到分数较高表示感兴趣程度高,因此 Ridit 值较高因素的选项较为重要;若此时的 R 值低于 0.5 表示重要程度低于平均值。由表 6-5 可知,旅游目的地偏好各项依 Ridit 值大小对应的重要程度可分为六类,其排列顺序如下:[当地的治安状况、目的地的旅游环境]>[自然风景的优劣、目的地的交通条件、目的地的气候和天气、总的旅行费用、目的地的自然生态环境]>[历史文化古迹是否具有吸引力、当地居民态度是否友善、目的地的形象和口碑]>[当地风俗和生活方式]>[目的地是否有多样性的游憩设施和活动可以参与、目的地是否具有美食佳肴]>[目的地的购物条件的优良、历史或家族的关联性]。

相比较近期内参加过国内旅游活动的城镇居民目的地选择的重要性程度,笔者发现如下几点:一是近期未出游者在选取旅游目的地时更加注重"总的旅游费用",而对"购物条件的优良"重视程度较低;二是更重视"目的地的形象与口碑"、"目的地的交通条件"、"目的地的旅游环境"、"目的地的治安状况"、"目的地是否有美食佳肴";三是相对不重视"自然风景的优劣"、"历史文物古迹"、"目的地是否有多样性的游憩设施和活动可以参与"、"当地的风俗和生活方式"、"历史与家族的关联性"。由此可见,那些近期未参加国内旅游的城镇居民属于不成熟型的旅游者,他们更重视的是旅游环境的舒适性及旅游总费用,而对旅游的核心吸引物,如自然风景、历史古迹、风俗民情等,在进行目的地选择时并不十分看重。

表 6-5 旅游目的地偏好 Ridit 得分的对比分析表

	近期未出游			近期出游		
	Ridit 值	下限	上限	Ridit 值	下限	上限
自然风景的优劣	0.544	0.5246	0.5634	0.6612	0.6499	0.6726
历史文化古迹是否有吸引力	0.5156	0.4958	0.5353	0.668	0.6571	0.6788
当地的风俗和生活方式	0.4611	0.4407	0.4816	0.5253	0.5122	0.5384
当地居民态度是否友善	0.5012	0.4802	0.5221	0.511	0.4983	0.5237
当地的治安状况	0.6156	0.5951	0.6361	0.5573	0.5443	0.5703
目的地的旅游环境	0.5768	0.5574	0.5961	0.3909	0.3775	0.4043
目的地的交通条件	0.5485	0.5289	0.5681	0.4798	0.4673	0.4922

续表

	近期未出游			近期出游		
	Ridit 值	下限	上限	Ridit 值	下限	上限
目的地的气候和天气	0.5365	0.516	0.557	0.5298	0.5173	0.5423
总的旅行费用	0.5572	0.5363	0.5781	0.3361	0.322	0.3501
目的地是否有多样性的游憩设施和活动可以参与	0.4333	0.4129	0.4537	0.5206	0.5073	0.5339
目的地是否具有美食佳肴	0.4451	0.4239	0.4662	0.3646	0.3524	0.3768
目的地的购物条件的优良	0.3366	0.3146	0.3585	0.5262	0.5138	0.5386
目的地的形象和口碑	0.5224	0.5021	0.5427	0.4106	0.3975	0.4237
历史或家族的关联性	0.3598	0.3392	0.3804	0.4402	0.4267	0.4537
目的地的自然生态环境	0.5466	0.5261	0.5671	0.5721	0.5593	0.5849

本研究借由在全国范围内的大样本调查,开创性地研究了我国城镇居民中"近期未出游群体"的出游阻碍性因素与旅游目的地选择偏好。通过以上分析,可以得出如下基本结论:

(1)"时间"、"金钱"和"旅游意识"成为阻碍近期内未出游群体参加国内旅游的最主要因素。但相对于"近期参加过国内旅游的城镇居民"来说,"近期未出游者"的障碍性因素主要有三个方面:经济条件不宽裕、身体欠佳和旅游意识淡薄。主要表现为平均收入水平较低、身体健康条件较差、旅游态度较低和旅游动机不强。首先,随着我国经济的快速发展和人民收入水平的不断提高,经济条件的阻碍作用将会越来越有限;其次,该群体的健康状况普遍较差,除了个人内在原因之外,合理利用休闲时间是十分重要的,而旅游作为一种有益的休闲手段可以极大地提升人们的健康水平;最后,也是最关键的、最急待解决的问题,即"该群体的旅游休闲意识淡薄、旅游动机不强",笔者认为可以通过采取如下三种手段加以改善:一是国家可以充分发挥媒体的作用,告知并宣传旅游休闲对于人生的价值与意义,提高人们对旅游休闲的认知与意识水平,增强人们的出游动机;二是在学校中应专门开设休闲与旅游方面的基础课程,进行休闲旅游价值观的教育;三是个人也应当有意识地培养自己的休闲意识,定期参加旅游活动,在放松心情的同时也能够陶冶情操、增长见识、促进个人发展。

(2)近期内未出游的城镇居民对旅游目的地选择因素按重要性程度可以分为五个层

次,其中"当地的治安状况"和"目的地的旅游环境"是该群体最看重的因素,而"目的地的购物条件的优良"和"历史或家族的关联性"为最不重要的因素。

(3)通过与"近期出游者"进行对比分析,发现"旅游的总费用"对"近期未出游者"的旅游目的地选择影响较大,这可能与后者的经济收入水平较低有很大的关联。因此,旅游企业为激活这个潜在的旅游市场可以有针对性地推出一些廉价的旅游产品和线路,并进行有针对性的营销活动。"旅游环境条件"对该群体选择旅游目的地的影响也较为突出,而"目的地核心吸引物的优劣"则影响程度相对较低,这表明"近期未出游者"属于科恩(Cohn)所说的"喜欢活在空气泡中的旅游者"[①],这是一种不成熟的表现。

二、公务员群体的旅游消费行为

1. 引言

随着近年来公务员热的迅速升温,这一特殊职业群体已成为福利待遇好、工作稳定、有一定社会地位的代名词。《职业》杂志与搜狐就业频道联合开展的"职业幸福感特别调查"(2009年)显示,公务员和创业者成为最受欢迎的职业。但最近也有研究表明伴随着我国公务员闲暇时间和收入的增加,公务员的职业怠倦也在增加,并且亚健康人数占有相当大的比例。为舒缓身心、摆脱亚健康,旅游将成为他们最好的选择和方式。因此,该群体很可能成为我国旅游业重要的潜在或现实市场。所以,对该群体的旅游消费行为的研究显得尤为重要。然而国内学者对公务员群体的旅游消费行为的专门研究却是很大的空白。

近年来,旅游消费行为研究逐渐从整个大市场的研究走向了细分市场的研究,细分方式大致有以下几种:一是针对旅游的内容进行细分,如红色旅游、体育旅游、节事旅游等;二是针对游客的人口统计变量进行细分,如按年龄(银发旅游等)、按性别(女性旅游)、按职业(大学生旅游、不同职业旅游消费行为的差异研究)、按收入(高端收入者旅游消费行为等);三是按旅游是否跨越国境进行细分,如出境旅游和国内旅游者行为研究。这样对细分市场进行更加深入的研究有利于科学地认识不同旅游市场规律,在实践上对旅游企业进行准确的市场细分、科学的市场定位、寻找目标市场、选择营销渠道等均具有重要指导意义。然而,通过文献检索发现,国内学者就不同职业旅游者(或潜在旅游者)的研究范围十分狭窄,大多停留在研究大学生的旅游消费行为,或是就不同的职业的

---

① Cohn. Culture and Conservation:A Greater Sensitivity to Local Culture Could Increase the Success of Both Conservation and Development Projects, Bio Science,1988:450 - 453.

旅游消费行为进行对比研究,很少有针对其他职业细分市场的深入系统的研究。鉴于此,本文将探讨我国公务员这一特殊群体的旅游消费行为,而对这一职业人群的旅游消费行为的深入研究在我国学术界尚属首次。

2. 理论评述

项聪对重庆市公务员工作压力和主观幸福感的研究表明,重庆市公务员主观幸福感处在中等水平,其中生活满意度得分3.27,在家庭和人际关系方面满意度最高,在休闲和健康方面满意度最低①。江静波对我国乡镇公务员的闲暇生活现状进行了实证研究,结果表明,乡镇公务员虽然拥有充足的闲暇时间,但同时受到工资待遇、生活及工作环境的制约,闲暇消费处于较低水平,闲暇生活内容比较单一,闲暇活动的结构不尽合理,闲暇活动的层次不高。究其原因,主要是对闲暇生活缺乏合理计划;闲暇知识不足,闲暇技能匮乏;闲暇生活的环境不佳等。并在此基础上探讨了改善乡镇公务员闲暇生活现状的方式和方法②。粟路军从信息渠道、出游方式、交通方式、停留时间、花费水平、出游频次、出游距离和住宿选择八个方面研究了乡村旅游消费行为的职业分异,在此基础上简略地指出了公务员与从事其他职业者在这八方面的异同③。与此类似,周恺等对城市女性休闲活动的职业差异进行了研究,结论表明,绍兴市女性在休闲目的、休闲时间、休闲消费、休闲交通方式、休闲场所及休闲地选择影响因素等方面存在着职业差异,但差异程度不同④。而韩彩灵等从闲暇时间和收入两大休闲前提条件谈起,说明了在我国公务员中开展休闲体育活动的可行性⑤。除此之外,也有一部分文献涉及了公务员的旅游消费行为,但只是零星地提到,或是附带地说起,这里不予详述。

由此可见,我国学术界对公务员群体的旅游消费行为的关注和研究还很少,大多是以某个城市公务员或是某个乡镇公务员的旅游消费行为为对象进行研究,或是公务员将旅游消费行为作为按职业划分的一个分支进行研究,缺乏针对公务员旅游消费行为系统深入的专门研究。因此本文在问卷调查的基础上,对我国公务员群体的旅游消费行为进行深入研究与探讨。

3. 研究设计

本次研究采用方便抽样的方法,数据主要来源于"中国城镇居民消费模式研究"课题

---

① 项聪. 重庆市公务员工作压力与主观幸福感研究. 重庆大学研究生论文,2006.
② 江静波. 乡镇公务员闲暇生活现状的实证研究. 重庆大学研究生论文,2007.
③ 粟路军,等. 乡村旅游消费行为的职业分异研究——以长沙市周边乡村旅游为例. 旅游论坛,2008(5).
④ 周恺. 城市女性休闲活动的职业差异研究——以绍兴市为例. 妇女研究论丛,2008(5).
⑤ 韩彩灵. 开展公务员休闲体育活动的可行性研究. 河南职业技术师范学院学报(职业教育版),2009(3).

中有关公务员群体的调查,采用了80法则,即有80%题目不填,便视为无效问卷,并通过目测剔出了一些无效问卷,进入最后分析的有效问卷一共有261份,这261位受访者的基本资料描述如下:

性别方面:女性103位(39.5%),男性158位(60.5%);年龄层结构分布:以45~54岁和35~44岁者居多,分别为91位(34.9%)和81位(31%),25~34岁者61位(23.4%),25岁以下和55岁以上者较少;受教育程度情况:大学学历者有183位(70.10%)最多,研究生及以上学历者有50位(19.2%),中专或高中学历者有22位(8.4%),表明我国公务员的整体受教育程度较高,与实际情况相符;受访者收入:以2001~5000元者居多,为184人(70.6%),5000元以上的收入群体48人,占到总体的18.4%,平均收入3000元左右。

本研究采用SPSS16.0对数据进行分析。首先,对各变量进行描述性统计分析,以了解公务员群体的基本资料和旅游消费行为概况;其次,使用"Ridit分析法"对"各种景观的感兴趣程度"和"旅游目的地选择的考虑因素"的重要性进行排序;再次,对旅游消费行为的核心变量,包括旅游涉入、旅游态度、旅游动机等进行探索性或验证性因子分析,并对测量这些变量量表的信度进行验证,并在此基础上得出各构面的平均得分;最后,为了进一步研究我国公务员群体旅游消费行为与人口统计变量之间的关系,采用方差分析和交互分析在核心变量与不同个体属性的样本之间进行差异显著性检验,为公务员旅游市场的细分和市场营销策略的制定提供依据。

4. 公务员群体的基本旅游消费行为

由表6-6可知,在过去三年内,有87.7%的受访者参加过旅游活动,这说明我国公务员群体的整体出游水平较高。在参加过国内旅游活动的公务员群体中,有41%的受访者的国内旅游是由夫妻双方共同决定的,居于首位;其次为受访者自己决定的,有65人,占出游人数的28.4%。

在游伴的选择上,有111人选择配偶,占48.50%;其次为子女、父母和同事,分别有84人(36.4%)和80人(35.1%)。飞机、火车和自驾车成为受访者参加国内旅游的最主要的三种交通工具,其中,有133人(57.60%)将飞机作为其参加国内旅游的主要交通工具之一,居于首位;火车次之,有114位(49.4%);排在第三位的是自驾车,有76名(32.90%)的受访者进行自驾车旅游;通过其他交通工具参加国内旅游的人数较少。

在旅游目的地的停留时间上,有100位(43.7%)受访者在目的地停留4~5天,居于首位;停留时间在6~7天的次之,有74位(32.3%);而停留2~3天和7天以上的受访者较少,分别有 28 位(12.2%)和 23 位(10%);停留 1 天以内的受访者只有 2 人(0.9%)。

在旅游花费方面,有 63 位(27.5%)受访者平均每次国内旅游花费在 3001~4000 元之间,居于首位;花费在 2001~3000 元者次之,占总体的 15.7%;排在第三位的是花费在 4001~5000 元和 5001~8000 元者,他们都占到总体的 13.1%。

在出游频次上,每年一次者居多,有 81 人(35.4%);约半年一次的次之,有 58 人(25.3%);居于第三的是每年有 3~4 次旅游,有 45 人(19.7%);而少于每年一次的有 38 人(16.6%),由此可见,公务员群体的出游频率还是相对较高的。

在旅游方式的选择上,有 77 位(33.6%)受访者参加国内旅游的主要方式是完全自助;其次是旅行社组团,占到总体的 27.1%;单位组织出游在公务员群体中占有很大一部分,有 57 人(24.9%)通过此种方式参加国内旅游。

公务员参加国内旅游的费用支付者方面,37.1% 的受访者旅游费用"小部分由自己支付",居于首位,同时,有 9.6% 的受访者其费用完全不由自己支付,这说明,公费旅游或会议旅游在公务员参加国内旅游中占有相当大的比例;全部或大部分由自己支付的,分别有 76 人(33.2%)和 43 人(18.8%)。

在旅游信息的获取渠道方面,有 42% 的受访者是通过旅行社介绍获得相关的旅游信息的,居于首位;28.1% 是通过朋友介绍获得的;家人推荐和报纸次之,分别有 20.3% 的游客借以获得旅游信息;通过个人经验和网络获取旅游相关信息的游客分别有 37 人(10.0%)和 33 人(8.9%);排在最后的分别为电视、广告和广播,分别有 21 人(5.7%)、5 人(1.4%)和 1 人(0.3%)。在比较喜欢的旅游活动方面,欣赏自然风景、参观名胜古迹和休闲娱乐成为公务员群体最喜欢的三大旅游活动,分别有 167 人(73.2%)、124 人(54.4%)和 97 人(39.9%)。

在阻碍因素方面,有 170 位(65.9%)受访者认为"工作时间忙、没时间"是阻碍其参加国内旅游的主要原因,这似乎与人们的惯常印象相违背,但这又恰恰与其他一些调查结果相契合,《小康》杂志的一项调查显示,在各类工薪阶层里,大城市的公务员和外企员工闲暇时间最少[①]。究其原因:一是社会对公务员的要求越来越高,大多数公务员必须在空闲时间里学习知识,进行充电,同时所在单位也会组织相关培训。二是公务员的职业竞争非常激烈,这就直接激励他们更加努力工作,加班加点地工作。以上两个因素的存

---

① 盈竹. 休闲在中国. 小康,2006(1).

在使得虽然公务员在制度上有许多休闲时间,但事实上真正的休闲时间十分有限。其次,"经济条件不宽裕"成为阻碍公务员参加旅游活动的第二大因素,占21.7%;而认为阻碍参加旅游活动的因素是"对旅游没兴趣"和"旅游得不偿失"的被调查者很少,分别有3人(1.2%)和2人(0.8%),这说明我国公务员群体大都具有一定的旅游意向。

表6-6 公务员旅游消费行为特征

		频数	百分比			频数	百分比
是否参加过旅游活动	是	229	87.7%	每次平均花费	500~1000元	11	4.8%
					1001~1500元	17	7.4%
	否	31	11.9%		1501~2000元	22	9.6%
					2001~3000元	36	15.7%
决定者	自己	65	28.4%		3001~4000元	63	27.5%
	配偶	21	9.2%		4001~5000元	30	13.1%
	夫妻共同决定	94	41%		5001~8000元	30	13.1%
	子女决定	6	2.6%		8000元以上	19	8.3%
	其他	44	18.8%	频次	多于4次/年	5	2.2%
停留时间	1天以内	2	0.9%		3~4次/年	45	19.7%
	2~3天	28	12.2%		约半年1次	58	25.3%
	4~5天	100	43.7%		大约每年1次	81	35.4%
	6~7天	74	32.3%		约0.5~1次/年	14	6.1%
	7天以上	23	10%		少于两年一次	24	10.5%
旅游方式	旅行社组团	62	27.1%	费用支付者	全部由自己	76	33.2%
	单位组织	57	24.9%		大部分由自己	43	18.8%
	半自助游	25	10.9%		小部分由自己	85	37.1%
	完全自助旅游	77	33.6%		完全不是由自己	22	9.6%
	其他	6	2.6%				

注:不足261为数据缺失值。

5.公务员群体的主要消费行为特点

(1)旅游态度。运用探索性因子分析方法对组成旅游态度的主要因素进行提取,再运用"主成分分析法"对旅游态度中的各因素进行分析,选择两者的共同因子,筛选出那些特征值大于 1 的因素,再进行"KMO 抽样适宜度检验"及"Bartlett's 球形检验",最后将正交旋转最大变异数(Varimax rotation)进行转轴,以便了解这些变量是否适合因子分析。运用上述步骤和方法,得出本研究的 KMO 值为 0.931,Bartlett's 球形检验的显著性水平达到 0.000,完全符合因子分析的条件。因此这些变量适合进行因子分析。

对本文中的量表进行信度分析,得到:Cronbach's alpha 值为 0.927,根据 guielford 的说法,alpha 值若大于 0.7,则表示信度相当高,若介于 0.7~0.35 之间尚可,而低于 0.35 则表示为低信度。本研究所采用的量表信度达到了 guielford 的高信度标准。我国公务员群体的旅游态度经过因子分析后,结果如下(见表 6-7):

表 6-7 旅游态度的探索性因子分析

	旅游态度
我会有计划地参加旅游活动	0.709
我比较关注旅游信息或新闻	0.859
我非常喜欢旅游	0.833
我平时经常和朋友讨论与旅游相关的话题	0.854
我愿意多花一些时间参加旅游活动	0.836
参加旅游对我的生活具有积极的影响作用	0.784
旅游活动已经成为我日常生活的一部分	0.834
我会鼓励家人参加旅游活动	0.799
累计总解释变异量%	66.374
KMO 值	0.931
Bartlett's 球形检验	1383
本量表的 Cronbach's alpha 值	0.927
旅游态度层面平均分	3.80

公务员群体旅游态度层面的平均分为 3.80,明显高于我国城镇居民整体的旅游动机 3.52[①],这说明我国公务员群体比较热衷于旅游,普遍具有外出旅游的强烈愿望,一旦他们有了充裕的时间和足够的金钱,他们将首先选择旅游。这项研究结果同样说明了,公务员群体将成为现在或未来旅游市场的一枝独秀。

---

① 龙江智,李恒云.中国城镇居民国内旅游消费模式.地理研究,2012(1).

(2)旅游休闲涉入。由于理论界关于旅游休闲涉入的研究,尤其是有关旅游休闲涉入维度的研究已经十分成熟,因此,本研究这里对其采用验证性因子分析(见表6-8)。结果表明,其拟合极佳,拟合指标如下:Chi-Square = 12.46,df = 11(p = 0.023),GFI = 0.99,CFI = 1.00,NFI = 0.99,RMSEA = 0.023。

表6-8 旅游涉入的验证性因子分析

	重要性	象征性	愉悦性
旅游对我来说是很重要的休闲活动	0.63		
旅游对我来说是一件有意义的活动	0.62		
我觉得参加旅游是给自己的奖赏		0.66	
旅游是可以表现我个人风格的休闲活动		0.8	
我可以借由旅游来增进与家人、朋友的感情		0.43	
参与旅游活动让我得到很多乐趣			0.59
旅游是让我感到满意的休闲活动			0.57

由表6-9可知,我国公务员群体的旅游休闲涉入在各构面上的平均得分均较高,其中,愉悦性的平均分达到了4.04,居于首位。这说明公务员群体认为旅游可以为其生活带来无穷的乐趣。其次是重要性,这表明公务员群体将旅游视为一项十分重要的活动,平均分达到了3.94。排在最后的是象征性,这说明旅游的象征价值对公务员群体来说是相对次要的,其平均得分为3.85。但通过与我国城镇居民整体数据对比发现,我国公务员的旅游涉入程度明显较深。

表6-9 旅游休闲涉入各构面的平均得分与方差

层面	最大值	最小值	平均数	方差	中国城镇居民平均数
重要性	1.5	5	3.9444	0.76068	3.6711
象征性	2	5	3.8468	0.73615	3.5989
愉悦性	2	5	4.0423	0.68219	3.8168

(3)旅游动机。由表6-10可知,我国公务员群体的旅游动机各构面均高于我国城镇居民的平均水平,这说明该群体的旅游动机较强。其中,审美动机的平均分最高,为4.04,说明公务员群体出游的动机主要在于"欣赏自然风景、参观名胜古迹或体验不同的生活和文化";其次为关系动机和逃避动机,表明公务员群体用旅游来增进家庭、朋友和

同事的关系,并且公务员工作的单调性和晋升缓慢所导致的工作倦怠也使"逃避"成为该群体出游的重要动机;排在最后两位的动机为"享受与成就动机"和"心灵寻求动机",平均分分别为 3.66 和 3.30,这表明这两项动机在公务员群体出游中表现得并不是很明显,尤其是"心灵寻求动机"。

表 6－10　旅游动机各构面的平均得分与方差

	最小值	最大值	平均数	方差	中国城镇居民平均数
逃避动机	2	5	3.9215	0.76054	3.7032
关系动机	1.83	5	3.9423	0.70142	3.7382
心灵寻求动机	1	5	3.3019	0.96068	3.1644
审美动机	2.2	5	4.0448	0.67617	3.8273
享受与成就动机	1.7	5	3.6552	0.79421	3.5094

（4）旅游景观偏好。研究表明,从顺序数据中获得定距或定比数据的信息是很难的,单纯用定距分级或评分进行各处理强弱的比较,数据的关系可能与客观实际不符,因此,需要根据数据的基本结构重新计算量表等级,从而做出客观的评价。这里非常适合用 Ridit 分析法。由于受访者是以顺序尺度（从"非常不感兴趣"到"非常感兴趣"）来表达其意见,故可以用 Ridit 分析方法检验各项题目间是否有差异。将计算的结果列于表 6－11,若两组的置信区间有重叠,则表示无差异,不重叠则为有差异。由于本研究处理资料时,感兴趣程度高的分数较高,因此得到 Ridit 值较高的选项较为重要;若 R 值低于 0.5,则表示重要程度低于平均值,依 Ridit 值对应的重要程度排序如下:[山水风光、海滨沙滩]＞[古城古镇、文物古迹、民俗风情]＞[美食旅游、休闲娱乐、主题公园、文化艺术、乡村田园]＞[宗教寺庙、都市景观、健康疗养]＞[节庆活动、旅游购物]。

综上所述,公务员群体对各种旅游景观感兴趣程度的强弱比较结果如下:公务员群体对山水风光、海滨沙滩最感兴趣;其次是古城古镇、文物古迹、民俗风情和美食、休闲娱乐、主题公园、文化艺术、乡村田园;再次是宗教寺庙、都市景观、健康疗养;最后是节庆活动、旅游购物。依据这个研究结果,以公务员群体作为其主要目标市场的旅游企业及旅游相关企业在设计旅游产品和旅游线路时,应尽量多地涉及山水风光、海滨沙滩和古城古镇、文物古迹、民俗风情型的旅游景观。尽量避免涉及一些公务员群体最不感兴趣的节庆类和购物类旅游产品。

表 6-11　各种旅游景观感兴趣程度的 Ridit 得分

	Ridit 值	下限	上限
(1)海滨沙滩	0.6767	0.6497	0.7038
(2)山水风光	0.6817	0.6559	0.7075
(3)乡村田园	0.5206	0.487	0.5542
(4)主题公园	0.5041	0.4708	0.5373
(5)文物古迹	0.5893	0.5571	0.6215
(6)宗教寺庙	0.4074	0.3745	0.4404
(7)文化艺术	0.5165	0.4844	0.5487
(8)民俗风情	0.5408	0.5105	0.5711
(9)旅游购物	0.3056	0.2732	0.3379
(10)美食旅游	0.4708	0.4378	0.5037
(11)节庆活动	0.3468	0.3166	0.377
(12)休闲娱乐	0.5132	0.4812	0.5452
(13)都市景观	0.4087	0.3753	0.4421
(14)健康疗养	0.4553	0.4226	0.488
(15)古城古镇	0.5549	0.5229	0.5868

(5)旅游目的地选择因素。由于受访者是以顺序尺度(从"非常不重要"到"非常重要")来表达其对选择旅游目的地时的考量因素的重视程度,故同样以 Ridit 分析方法检验各项题目间是否有差异。将计算的结果列于表 6-12,若两组的置信区间有重叠,则表示无差异,不重叠则为有差异。由于本研究处理资料时,重要程度高的分数较高,因此得到的 Ridit 值较高的选项较为重要;若 R 值低于 0.5 表示重要程度低于平均值。依 Ridit 值的大小排序如下(见表 6-12):[自然风景的优劣、当地的治安状况、目的地的旅游环境、目的地的交通条件]>[历史文化古迹是否具有吸引力、当地居民态度是否友善、目的地的气候和天气、目的地的形象和口碑、目的地的自然生态环境]>[当地的风俗和生活方式、总的旅行费用、目的地是否有多样性的游憩设施和活动可以参与、目的地是否具有美食佳肴]>[目的地购物条件的优良、历史或家族的关联性]。

由上述研究结果可知,我国公务员群体选择国内旅游地的考量因素可以分为四类。公务员国内旅游目的地的选择以自然风景的优劣、当地的治安状况、目的地的旅游环境、目的地的交通条件为最重要的考量因素;其次为历史文化古迹是否具有吸引力、当地居民态度是否友善、目的地的气候和天气、目的地的形象和口碑、目的地的自然生态环境;再次为当地的风俗和生活方式、总的旅行费用、目的地是否有多样性的游憩设施和活动可以参与、目的地是否具有美食佳肴;而目的地的购物条件的优良、历史或家族的关联性则是公务员群体在选择旅游目的地时觉得最不重要的因素。伦德伯格(Lundberg)提出了游客在选择旅游目的地时所考虑的十二种重要因素,并按照重要程度将其分成了三类[1],这与本研究的结论部分契合。

表 6-12 旅游目的地选择因素的 Ridit 得分

	Ridit 值	下限	上限
(1)自然风景的优劣	0.5895	0.5612	0.6179
(2)历史文化古迹是否具有吸引力	0.5468	0.5164	0.5772
(3)当地的风俗和生活方式	0.4798	0.4487	0.5109
(4)当地居民态度是否友善	0.509	0.4774	0.5406
(5)当地的治安状况	0.61	0.5808	0.6391
(6)目的地的旅游环境	0.6	0.5725	0.6275
(7)目的地的交通条件	0.5703	0.5411	0.5996
(8)目的地的气候和天气	0.5175	0.4868	0.5482
(9)总的旅行费用	0.4642	0.4308	0.4977
(10)目的地是否有多样性的游憩设施和活动可以参与	0.4288	0.3959	0.4617
(11)目的地是否具有美食佳肴	0.4183	0.3827	0.4539
(12)目的地的购物条件的优良	0.3244	0.287	0.3618
(13)目的地的形象和口碑	0.5398	0.5089	0.5707
(14)历史或家族的关联性	0.3603	0.3242	0.3963
(15)目的地的自然生态环境	0.5412	0.5105	0.5719

---

[1] Lundberg. The Tourist Business. New York:CBI Publishing company,1990.

6. 结语

公务员群体对旅游企业来说是一块稳定的、巨大的旅游市场,本研究在问卷调查的基础上对我国公务员群体的旅游消费行为进行了实证研究,主要得出以下结论:(1)我国公务员群体的整体出游率、出游频率及旅游花费较高;主要是通过旅行社介绍、家人或朋友推荐获得旅游相关信息;飞机、火车和私家车是公务员出游最重要的交通工具;在出游方式上,大部分公务员的旅游活动通过单位组织实现;且国内旅游的费用小部分由自己或完全不由自己支付的占整个群体的大多数。(2)公务员群体最喜欢的旅游活动为欣赏自然风光,参观名胜古迹,参加各种休闲娱乐活动;该群体的旅游动机较强,但"工作忙、没有时间"是阻碍公务员群体出游的最大因素。(3)公务员群体对旅游景观感兴趣程度的强弱排序为:[山水风光、海滨沙滩]>[古城古镇、文物古迹、民俗风情]>[美食旅游、休闲娱乐、主题公园、文化艺术、乡村田园]>[宗教寺庙、都市景观、健康疗养]>[节庆活动、旅游购物]。(4)公务员群体旅游目的地选择因素的重要程度排序依次为:[自然风景的优劣、当地的治安状况、目的地的旅游环境、目的地的交通条件]>[历史文化古迹是否具有吸引力、当地居民态度是否友善、目的地的气候和天气、目的地的形象和口碑、目的地的自然生态环境]>[当地的风俗和生活方式、总的旅行费用、目的地是否有多样性的游憩设施和活动可以参与、目的地是否具有美食佳肴]>[目的地购物条件的优良、历史或家族的关联性]。(5)与我国城镇居民相比,公务员群体的旅游态度、旅游休闲涉入和旅游动机较强,属于积极主动型或中间型旅游者。具体而言,在旅游休闲涉入各构面中,愉悦性的平均分最高,居于首位,这说明公务员群体认为旅游可以为其生活带来无穷的乐趣;其次是重要性,这表明公务员群体将旅游视为一项十分重要的活动;排在最后的是象征性,这说明旅游的象征价值对公务员群体来说是相对次要的。但与我国城镇居民整体数据相比,我国公务员的旅游涉入程度明显较深。就旅游动机而言,审美动机为公务员群体出游的最主要动机,其次为关系动机和逃避动机,而心灵需求动机为公务员群体出游最弱的动机类型。

三、哈尔滨城镇居民旅游行为特征

1. 引言

近年来,哈尔滨城镇居民的国内旅游发展迅速。哈尔滨市民的出游率近几年保持在较高的水平,2010年达到92.3%,按照估算,哈尔滨市民每年出游达到几百万人次,并且平均每年的增长速度达到8%。在国内旅游的人均消费方面,哈尔滨市民的人均消费水平在全国主要旅游城市中名列前茅①。

另外,根据哈尔滨市旅游局历次《黄金周情况通报》的内容,可以发现每年哈尔滨市民的本地游规模可以达到每年200万人次左右①。如果考虑到中秋节、端午节、清明节等假日的情况,以及近年来私家车的增加等积极因素,实际的本地游规模会更大②。

但是,国内目前对于哈尔滨城镇居民旅游行为的研究几乎没有,本研究不仅可以弥补国内对哈尔滨等中小城市旅游者旅游行为研究的不足,而且对哈尔滨来说,也能够借以了解自身城市居民休闲生活状况与旅游需求,从而反映该城市经济和生活水平。更为重要的是对于旅游地政府和企业改善经营管理模式,有针对性地实施营销战略,提高旅游竞争力等具有参考价值,同时对旅游规划开发、旅游产品结构及旅游设施与服务等方面的调整也具有重要的指导价值。

2. 理论评述

国内关于旅游行为特征的研究基本上分为两类。一类是从群体划分的角度研究某个特殊群体的旅游行为特征。国内目前的研究涉及的特殊的群体有:女性群体③、老年群体④、在校大学生⑤、农村居民⑥和自驾车旅游者⑦。这些对特殊群体的旅游行为特征的研究主要集中在旅游目的、旅游信息来源、旅游目的地选择、出游方式、消费水平、消费结构、决策影响因素、交通方式、逗留时间这几个方面。

另一类是从地域划分的角度,研究某个城市或某个地区的居民的旅游行为的特征,如对北京市⑧、广州市⑨、淮安市⑩、武汉市⑪、西安市⑫和长三角都市圈⑬居民的旅游行为特征的分析,旅游行为的特征分析主要包括出游频率、出游方式、出游规模、出游决策权、逗留时间、信息渠道、旅游动机、旅游决策影响因素、目的地类型偏好、目的地属性偏好、满意度以及人口统计学特征与旅游需求之间的关系等多个方面,但是这些方面在文章中

---

① 刁志波. 哈尔滨市旅游客源市场研究. 黑龙江对外经贸,2010(1).
② 刁志波. 论哈尔滨市民旅游现状与城市旅游功能定位. 商业经济,2009(24).
③ 蔡洁,赵毅. 国内女性游客旅游消费行为实证研究——以重庆旅游目的地为例. 旅游科学,2005(2).
④ 余颖,张捷,任黎秀. 老年旅游者的出游行为决策研究——以江西省老年旅游市场为例. 旅游学刊,2003(3).
⑤ 蒙睿,赵文丽,刘嘉纬. 在校大学生旅游行为研究. 旅游科学,2004(2).
⑥ 王文瑞. 我国农村居民国内旅游基本特征分析. 云南师范大学学报(哲学社会科学版),2009(4).
⑦ 张晓燕,张善芹,马勋. 我国自驾车旅游者行为研究——以华北地区为例. 旅游学刊,2006(9).
⑧ 徐菊凤. 北京市居民旅游行为特征分析. 旅游学刊,2006(8).
⑨ 丁健,李林芳. 广州市居民的出境旅游行为. 地理研究,2004(5).
⑩ 吴小伟,陈彦,段胜奎. 淮安市民旅游行为实证研究. 遵义师范学院学报,2009(6).
⑪ 万先进. 武汉旅游景点国内游客行为特征分析. 经济地理,2001(5).
⑫ 赵荣,王斌,张结魁. 西安市国内游客旅游行为研究. 西北大学学报(自然科学版),2002(4).
⑬ 侯国林,张小林,卞显红. 长三角都市圈城市居民度假旅游行为决策研究. 商业研究,2006(5).

大多是孤立地罗列,没有用逻辑线索整合到一个统一的框架中。

本专题对哈尔滨城镇居民国内旅游行为特征的分析,可以归为上述第二类研究,属于对某个城市居民的旅游行为特征的研究。但本文会克服这类研究中普遍存在的问题,以旅游消费的过程模式为线索,串联起旅游意愿、出游决策、目的地选择、出行安排和旅游消费过程五个环节的特征,并且在每个环节下包含具体的特征描述,这样在一个整合的统一的大框架下完整地描述哈尔滨城镇居民的国内旅游行为特征。

3. 研究设计

为研究哈尔滨城镇居民的国内旅游行为特征,本文采用问卷调查法。本次调查的时间为2010年2月至3月,调查对象为哈尔滨市居民,在哈尔滨市主要公共场所、居民区、企事业单位和学校等进行随机抽样调查。调查内容包括旅游意愿、出游决策、目的地选择、出行安排和旅游消费过程等。本次共发放问卷350份,收回有效问卷300份,回收有效率为85.71%。本文采用SPSS软件对数据进行分析,用到的分析方法主要包括频数分析、多选题分析和因子分析。

样本构成情况如表6-13所示,从性别构成来看,男女各占50%;从年龄构成来看,26~34岁和35~44岁都占26.88%,25岁以下的占到15.05%,45~54岁的占17.92%,55~64岁的占13.26%;从受教育程度来看,小学学历的仅占1%,初中学历的占到4.35%,中专或高中学历的占到24.08%,大学学历者为62.54%,研究生学历者为8.03%;最后从平均月收入来看,1000元以下的占到12.16%,1001~2000元的占21.63%,2001~3000元的为35.14%,3001~4000元的比重为13.18%,4000元以上的占到17.91%。

表6-13 样本构成情况

性别(%)	男(50)			女(50)	
年龄(%)	25岁以下 (15.05)	26~34岁 (26.88)	35~44岁 (26.88)	45~54岁 (17.92)	55~64岁 (13.26)
受教育程度(%)	小学 (1)	初中 (4.35)	中专或高中 (24.08)	大学 (62.54)	研究生 (8.03)
平均月收入(%)	1000元以下 (12.16)	1001~2000元 (21.63)	2001~3000元 (35.14)	3001~4000元 (13.18)	4000元以上 (17.91)

4. 旅游意愿特征

旅游目的以游览观光、休闲娱乐和度假为主。根据多选题频数分析的结果显示,游览观光是参加国内旅游的首要目的,所占的比重达到32.1%,排在第二位的是休闲娱乐(21.69%),再次是度假(14.53%)。而探亲访友、商务会议和健康疗养等其他旅游目的也占有一定的比重,这表明哈尔滨城镇居民的旅游目的单一化趋势明显,同时旅游目的的多样化已现端倪。

表6-14 旅游目的频数分析统计表

	频数	百分比		频数	百分比
游览观光	148	32.10%	健康/疗养	20	4.34%
休闲娱乐	100	21.69%	文化/体育/科技交流	17	3.69%
度假	67	14.53%	避烦解闷	16	3.47%
探亲访友	33	7.16%	美食	11	2.39%
商务会议	24	5.21%	其他	25	5.42%
合计				461	100.00%

旅游态度较为积极。旅游态度有8个题项来衡量,每个题项用五点李克特量表来测量,最后综合这8个题项,得到旅游态度的得分,均值是3.53,中位数和众数均是3.63,这个得分在态度一般到态度积极之间,并靠近态度积极,表明哈尔滨城镇居民的旅游态度较为积极。

旅游涉入程度高。旅游涉入程度有9个题项来衡量,每个题项用五点李克特量表来测量,最后综合这9个题项的得分,得到旅游涉入程度的分数,均值是3.66,中位数是3.67,众数是4,这些得分接近于4,表明哈尔滨城镇居民的旅游涉入程度高。

旅游动机主要包括好奇的动机、社会交往的动机、发展的动机和放松的动机四种类型。问卷中关于旅游动机的题项共有36个,通过第一次因子分析得出结果,删除与四个因子载荷相似的题项后,剩余的18个题项,再次进行因子分析。第二次因子分析的结果如表6-15所示,0.921的KMO值和显著的Bartlett's检验结果,都表明适合做因子分析;同时重要的分析结果是,哈尔滨城镇居民国内旅游的动机包括四个动机,分别是好奇、社会交往、发展和放松。

表 6-15　旅游动机因子分析的因子载荷表

	好奇的动机	社会交往的动机	发展的动机	放松的动机
增长见识,开阔眼界	0.713	0.117	0.334	0.141
享受各地美味佳肴	0.603	0.219	0.144	0.323
体验新的事物或参观新的景点	0.528	0.114	0.127	0.267
体验不同的文化和生活方式	0.521	0.314	0.251	0.234
与家人度过一段难忘的时光/增进与家人的感情	0.142	0.733	0.132	0.132
带孩子见世面	-0.117	0.685	0.126	-0.017
陪同家人或孝敬父母	0.237	0.681	0.094	0.141
享受旅途中与亲友或其他人交往带来的乐趣	0.335	0.604	0.262	0.074
增进朋友或同事的感情	0.336	0.499	0.472	-0.059
挑战自我的能力	0.285	0.102	0.700	0.165
为了肯定自我、增强自我形象	0.489	0.061	0.632	0.051
身临其境,见证已有知识和经验(比如,访问电影拍摄的地方)	0.266	0.161	0.589	0.106
认识新的朋友和接触不同类型的人	0.481	0.110	0.562	0.003
参与各式各样的有趣活动	0.394	0.119	0.489	0.208
暂时摆脱单调、乏味的日常生活	0.211	0.253	0.004	0.693
排解工作压力	0.109	0.326	0.058	0.678
逃避烦恼	0.096	0.007	0.397	0.664
散心/心灵放松	0.322	0.486	-0.080	0.514
KMO 值	0.921			
Bartlett 检验	3984.503($P<0.0001$)			

5. 出游决策特征

出游决定者主要是自己和夫妻共同决定。当被问到最近三年内参加国内旅游主要是由谁决定时,回答由自己决定的占 34.47%,人数最多,其次是夫妻共同决定,所占比重为 28.51%,而由配偶或子女决定的分别只占 8.94% 和 2.98%(见图 6-3)。通过分别对做决定者与婚姻状况和居住状况进行交叉分析,决定者与婚姻状况的卡方值是 22.448(自由度 =24,P 值 =0.553),决定者和居住状况的卡方值是 19.43(自由度 =20,P 值 = 0.494),两个交叉分析的结果都表示决定者与婚姻和居住状况显著不相关,也就是说,出游决定是由自己决定还是由夫妻共同决定并不与被调查者的婚姻和居住状况存在显著的相关性。总之,哈尔滨城镇居民参加国内旅游主要是由自己决定或夫妻共同决定的。

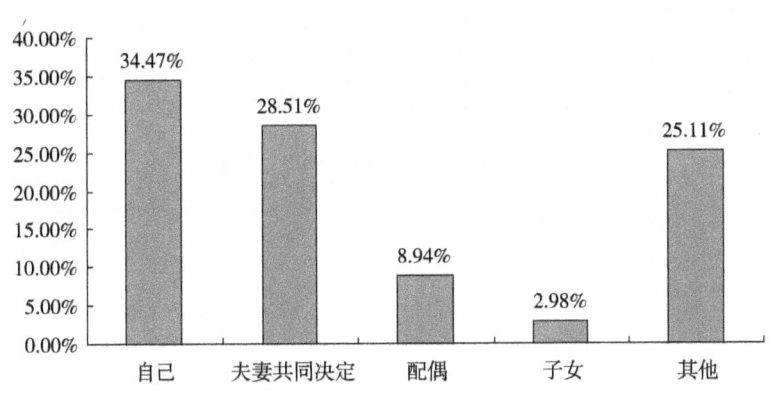

图 6-3 出游决定者频数统计图

旅游信息渠道以朋友介绍为主,网络所占比重较高。根据多选题频数分析的结果,如表 6-16 所示,朋友介绍是最主要的旅游信息渠道,家人推荐、网络和个人经验比例相差不大,其次是旅行社介绍。朋友、家人和个人经验是主要的信息渠道不足为奇,而网络占有较高的比重,则有力地证明了网络在旅游活动中发挥着日益重要的作用,逐渐成为一种重要的旅游信息渠道。

表 6-16 旅游信息渠道频数统计表

	频数	百分比		频数	百分比
朋友介绍	76	21.35%	报纸	35	9.83%
家人推荐	49	13.76%	电视	27	7.58%
网络	49	13.76%	广告	4	1.12%
个人经验	48	13.48%	广播	1	0.28%
旅行社介绍	39	10.96%	其他	28	7.87%
合计				356	100.00%

在决定去某地旅游时,考虑的主要因素是目的地的特色、吸引力和旅游费用。运用多选题频数分析,如表 6-17 所示,在决定去某地旅游时,考虑的因素中,目的地的特色和吸引力所占的百分比最大,为 18.85%,其次是旅游费用,为 18.03%,而旅游安全位居第三,为 10.11%。旅游目的地的特色是吸引游客前往的重要动力,旅游费用也是重要的影响因素,这些是毋庸置疑的;值得关注的是旅游安全的影响力如此之大。随着政治动乱、地质灾害等社会和自然突发事件的频发,旅游安全也逐渐成为大众进行出游决策时所要考虑的重要因素。

表 6-17 旅游需考虑因素频数统计表

	频数	百分比		频数	百分比
目的地的特色和吸引力	138	18.85%	家人的意见	51	6.97%
旅游费用	132	18.03%	经济状况	49	6.69%
旅游安全	74	10.11%	天气状况	36	4.92%
个人的偏好	69	9.43%	交通便利与否	34	4.64%
目的地的旅游环境	64	8.74%	旅伴是否合适	19	2.60%
闲暇多少	55	7.51%	周围人是否出去旅游	11	1.50%
			合计	732	100.00%

参加国内游的阻碍因素主要是时间和金钱。多选题频数分析的结果如表 6-18 所示,工作忙没时间是最主要的阻碍因素,其次是经济不太宽裕,可见时间和金钱仍然是旅游的重要阻碍因素。

表 6-18 阻碍因素频数统计表

	频数	百分比		频数	百分比
工作忙没时间	189	29.72%	担心旅游安全	31	4.87%
经济不太宽裕	86	13.52%	身体欠佳	22	3.46%
需要照顾家人	49	7.70%	家人不赞成	19	2.99%
怕花钱受罪	48	7.55%	担心水土不服	15	2.36%
害怕旅途受罪	42	6.60%	旅游得不偿失	8	1.26%
气候和天气	42	6.60%	对旅游没兴趣	7	1.10%
还有更重要的事情要做	36	5.66%	其他	7	1.10%
没有合适旅伴	35	5.50%	合计	636	100.00%

6. 目的地选择的特征

目的地选择的类型偏好于自然风光类。问卷中有 15 种目的地类型,用五点李克特量表进行测量。运用 SPSS 进行因子分析后,把 15 种目的地类型区分成四种目的地类型,分别是历史文化类、休闲疗养类、自然风光类和活动类(如表 6-19 所示)。通过分别计算四种目的地类型得分的均值,我们可以看到,自然风光类的得分最高,为 4.103,因子一的得分次之,是 3.726,而因子二的得分最低,仅为 2.956。由此可知,最感兴趣的目的地类型是自然风光类,而最不感兴趣的目的地类型是休闲疗养类。

表 6-19　目的地选择类型偏好的因子载荷表

	历史文化类	休闲疗养类	自然风光类	活动类
宗教寺庙	0.765	-0.112	-0.030	0.068
文物古迹	0.748	-0.013	0.060	0.064
文化艺术	0.708	0.307	0.017	0.083
民俗风情	0.617	0.094	0.248	0.233
古城古镇	0.580	0.116	0.314	-0.147
健康疗养	-0.011	0.779	0.110	-0.103
都市景观	0.052	0.616	-0.017	0.152
休闲度假	-0.032	0.586	0.289	0.305
休闲娱乐	0.168	0.563	0.097	0.330
山水风光	0.165	0.042	0.855	-0.040
海滨沙滩	0.010	0.034	0.803	0.185
乡村田园	0.234	0.293	0.501	-0.129
美食佳肴	0.056	0.106	0.133	0.774
旅游购物	0.047	0.137	-0.074	0.747
节庆活动	0.226	0.412	-0.064	0.444
均值	3.726	2.956	4.103	3.242
KMO 值	0.752			
Bartlett 检验	974.608($P<0.0001$)			

目的地选择的属性偏好。问卷中共有 15 个题项,通过第一次因子分析,删掉与三个因子载荷相似的 3 个题项后,对剩余的 12 个题项进行因子分析,结果如表 6-20 所示,KMO 值为 0.870,Bartlett's 检验显著,均表明该数据适合做因子分析,并且将 12 个题项区分成了三个因子,将三个因子分别命名为综合环境属性、配套服务属性和文化民俗属性。最后分别计算三个因子的均值,通过均值可以发现,游客更偏好于综合环境属性,得分最高,为 4.063,而配套服务属性的得分最低,为 3.331。由此可见,目的地选择时更偏好于目的地的综合环境属性,而认为配套服务属性相对不太重要。

表6-20 目的地选择属性偏好的因子载荷表

	综合环境属性	配套服务属性	文化民俗属性
目的地的交通条件	0.824	0.124	0.145
当地的治安状况	0.749	0.077	0.045
目的地的旅游环境	0.730	0.216	0.254
目的地的气候和天气	0.700	0.140	0.074
目的地的自然生态环境	0.638	0.250	0.227
自然风景的优劣	0.633	0.073	0.393
目的地的形象和口碑	0.592	0.331	0.050
目的地的购物条件的优良	0.038	0.822	0.056
目的地是否有多样性的游憩设施和活动可以参与	0.228	0.736	0.135
目的地是否具有美食佳肴	0.300	0.619	0.125
历史文化古迹是否具有吸引力	0.207	0.045	0.861
当地的风俗和生活方式	0.141	0.214	0.795
均值	4.063	3.331	3.780
KMO值	0.87		
Bartlett's球形检验	1258.139（P<0.0001）		

7. 出行安排的特征

旅游方式以完全自助旅游为主。旅游方式主要分为完全自助旅游、旅行社组团、单位组织和半自助旅游四种，根据样本的回答情况，如图6-4所示，完全自助旅游以36.48%的最大比例成为哈尔滨城镇居民首选的旅游方式，旅行社组团和单位组织也占有较高的比重，分别为23.61%和21.46%。

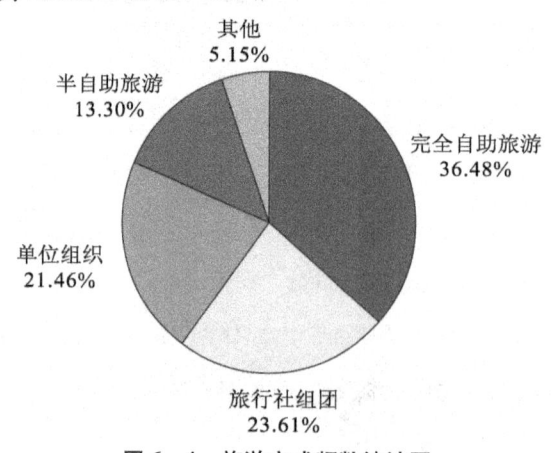

图6-4 旅游方式频数统计图

旅游交通工具主要是飞机和火车。交通工具的选择是出行安排中非常重要的一部分。对旅游交通工具这个变量进行多选题频数分析,结果表明飞机(40.76%)和火车(38.04%)是主要的交通工具(见图6-5),同时自驾车也占到8.15%的比例。飞机成为主要的交通工具,一方面说明大众收入的增加,另一方面也表明哈尔滨城镇居民国内旅游主要是远程长距离的旅游,而长距离的旅游也会带来在旅游目的地逗留时间的延长和花费的增加,以自驾车为代表的完全自助的旅游方式也呈现出迅速增长的势头。

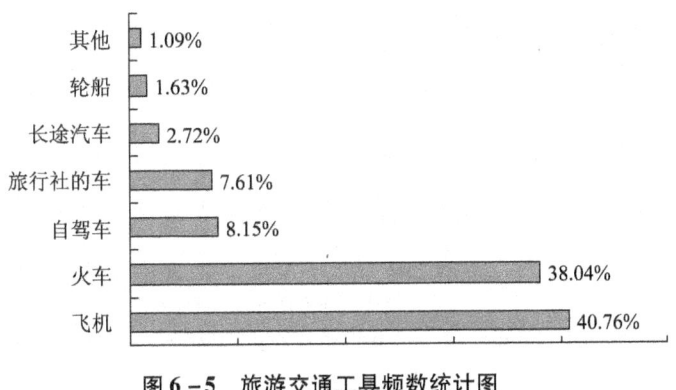

图6-5 旅游交通工具频数统计图

逗留时间较长,在4天以上。逗留时间也是出行安排中要考虑的重要一环。从图6-6中可以看出,逗留时间主要分布在4~5天(28.09%)、6~7天(26.81%)和7天以上(28.09%)。在目的地的逗留时间较长,意味着在目的地的花费会增多,这对旅游目的地而言,是有好处的。

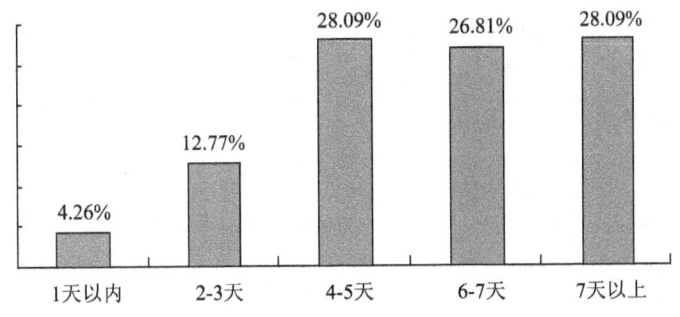

图6-6 逗留时间频数统计图

旅游同伴以配偶为主。如表6-21所示,配偶所占的比例最高,为32.89%,与同事做伴的旅游者也占到25.91%,与子女或父母旅游的人占到21.93%,而独自一人外出旅游的却只占到6.64%。

表6-21 同伴频数统计表

	频数	百分比		频数	百分比
配偶	99	32.89%	独自一人	20	6.64%
同事	78	25.91%	亲友或邻居	18	5.98%
子女或父母	66	21.93%	其他	20	6.64%
			合计	301	100.00%

旅游频率较低,大约每年1次。旅游频率中大约每年一次的所占比例最高,为40.58%;少于2年一次的排在第二位,占的百分比为20%;约半年1次和每年3~4次的分别占到16.60%和11.91%(见表6-22)。

表6-22 旅游频率统计表

	频数	百分比		频数	百分比
多于4次/年	5	2.13%	大约每年1次	96	40.85%
3~4次/年	28	11.91%	约0.5~1次/年	20	8.51%
约半年1次	39	16.60%	少于2年一次	47	20.00%
			合计	235	100.00%

7. 旅游消费的特征

比较喜欢的活动主要是欣赏自然风景和参观名胜古迹。旅游消费的过程中会体现出旅游活动的偏好。从表6-23中可以看出,旅游者在参加国内旅游时,通常是喜欢欣赏自然风景(30.71%)和参观名胜古迹(25.66%),对于休闲娱乐(18.54%)也表现出一定的偏好,而对于健身疗养、探险等刺激活动、体验乡村生活、文化体验活动、主题游乐项目和看演出或表演等活动都不是特别偏好。

表6-23 喜欢的旅游活动频数统计表

	频数	百分比		频数	百分比
欣赏自然风景	164	30.71%	体验乡村生活	22	4.12%
参观名胜古迹	137	25.66%	文化体验活动	21	3.93%
休闲娱乐	99	18.54%	主题游乐项目	15	2.81%
健身疗养	38	7.12%	看演出或表演	12	2.25%
探险等刺激性的活动	24	4.49%	其他	2	0.37%
			合计	534	100.00%

旅游平均花费属于中等水平。旅游平均花费的水平是旅游消费中一个重要的特征。通过把8个选项合并成低、中、高三个组别,汇总后,可以看出,属中等水平的平均旅游花费比例最大(53.19%)。值得注意的是,高水平的旅游平均花费略高于低水平的旅游平均花费。较低的出游频率和较长的逗留时间会导致旅游平均花费水平的增高。

表6-24 旅游平均花费频数统计表

		频数	百分比	合计
低	500~1000元	22	9.36%	22.55%
	1001~1500元	10	4.26%	
	1501~2000元	21	8.94%	
中	2001~3000元	42	17.87%	53.19%
	3001~4000元	37	15.74%	
	4001~5000元	46	19.57%	
高	5001~8000元	34	14.47%	24.26%
	8001元以上	23	9.79%	
合计		235	100.00%	100.00%

近半数旅游花费全部由自己支付。旅游花费由谁支付是中国国内旅游消费行为研究中带有特殊性的问题。一般来说,在中国存在公费旅游、带薪度假等旅游形式,而在图6-7中,全部由自己支付旅游花费的却占到45.30%,接近一半的比例,如此高的比重表明,近半数哈尔滨城镇居民的旅游花费支出是全部由自己支付的,而公费旅游或带薪度假等旅游形式并不是很普遍。

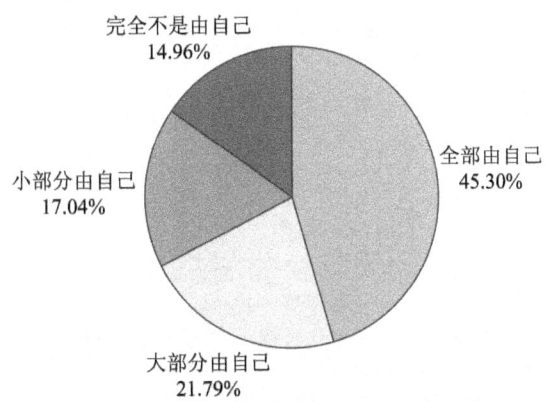

图6-7 旅游花费支付者频数统计图

通过以上一系列的分析,可以得出关于哈尔滨市居民国内旅游的一些规律性结论:哈尔滨市的居民旅游态度较为积极,旅游涉入程度也比较高,但旅游目的单一,仍以观光为主;由于哈尔滨地处我国东北一隅,离国内多数旅游热点和温点地区距离较远,居民出游的交通工具多采用飞机、火车,旅游交通费用占整体旅游费用比重大,自然使得游客想在旅游地停留更长时间,所以出现了哈尔滨市居民旅游出游频率较低、目的地停留时间较长的特点;哈尔滨市居民出游还存在着明显反向选择倾向,即对旅游产品的偏好具有与常住环境相反的倾向,简言之,身边缺什么,就喜欢弥补什么。调查显示,作为北方内陆城市的哈尔滨,虽具有得天独厚的冰雪旅游资源,但冬季的漫长、寒冷也使居民们更偏爱于山水风光、海滨沙滩这一类自然景观和历史文化型旅游产品;朋友介绍、家人推荐仍然是旅游信息的主要来源,但不容忽视的是,网络这种新兴的信息渠道的地位越来越重要,旅游企业应重视网络媒介的重要作用,为企业营销创造新的平台;哈尔滨城镇居民的旅游方式以完全自助旅游为主,并且近半数人的旅游花费完全由自己支付,说明哈尔滨城镇居民的旅游活动日益成为旅游者个人的事情,是由自己自主决定、由自己独立支付的一项活动。

第七章 扩大旅游消费的战略思路与政策措施

一、国内旅游消费的现状特点

研究表明,从我国旅游消费发展阶段来看,国内旅游消费呈现以下三个特点:

大众化特点。我国经济的发展、居民收入的增长、闲暇时间的增多,以及我国交通的快速发展,都大大刺激着人们的旅游欲望,我国旅游消费已由作为少数高收入人群的生活方式和消费方式,逐步变成大众的生活方式和消费热点。2013 年与 2000 年相比,我国城市居民的可支配收入,由 6280 元提高到 26955 元,增长了 329%,农村居民人均纯收入,由 2253 元提高到 8896 元,增长了 295%。随着我国职工带薪休假条例的全面实施,加上双休日和法定节假日,全年工薪阶层可享受的假期达到 120 天至 130 天。2013 年我国国内旅游人次达到 32.6 亿人次,城乡居民总出游率达到 240%,人均出游 2.5 次。在未来一个时期,随着经济的发展和居民收入的持续增长,我国居民的出游率仍将继续快速增长。党的十八届三中全会提出,要加快构建新型农业经营体系,赋予农民更多财产权利,推进城乡要素平等交换和公共资源均衡配置,完善城镇化健康发展体制机制。这意味着我国农民的消费水平将大幅提升,广大农村和亿万农民将成为未来重要的旅游市场和旅游消费群体。

多样化、多层次特点。在过去相当长的一个历史时期内,旅游产品都是采用标准化的传统生产方式,消费者能够挑选的多样化旅游产品很少。有人概括为"白天看庙,夜晚睡觉,白天疲劳,夜晚无聊"。随着旅游市场的日益成熟,旅游消费者正渐趋理性,个性化旅游逐渐兴起,越来越多的旅游者不再愿意被动地接受市场上统一设计好的共性旅游产品,而是自行设计旅游线路和产品。体现个性化审美的民俗文化、生态体验、体育健身等特色旅游也在兴起。游山玩水已不能满足人们的需要,专题和特种形式的旅游日益增加,享受性和游乐性的旅游内容会大大增强。人们的旅游型态从观光型为主,发展到度假旅游、探险旅游、科学考察旅游、民俗旅游、生态旅游、体育旅游、保健康复旅游、文学旅游、美食家旅游等多元并存。游客的出游方式逐渐形成了随团旅游、自驾车、自助游等多元化格局。据统计2012年,国内游客中,旅行社接待人数仅占5.5%,自助游散客占94.5%;入境游客中,旅行社接待人数占17.9%,自助游散客占82.1%。散客已成为旅游市场的主角。接待散客旅游的能力和水平,已经成为衡量一个国家或地区旅游产业素质和旅游市场成熟程度的重要标志。

快速增长特点。据国家统计局的分析,我国人均消费从目前到2020年将以每年10.8%的速度递增,居民消费将由实物消费为主走上实物消费和服务消费并重的轨道,旅游将是消费升级的主要行业之一,国内旅游消费需求将大幅度提升。2013年我国依然保持世界上规模最大的国内旅游市场的地位,并成为世界上增速最快、潜力最大的旅游市场。国内旅游人数达到29.57亿人次,国内旅游收入达到22706亿元人民币。同时,农民国内旅游比例将有所提高。随着国家富农政策的出台,有支付能力的需求不断增强,农民旅游产品的稀缺状况也将逐步改观,农村居民很快将成为即期旅游消费的需求者,其旅游花费数额也将进一步提高,将为我国旅游消费和旅游业的发展带来巨大的市场前景。

二、当前旅游消费的主要问题

改革开放以来,我国旅游业取得了长足的发展,旅游市场规模逐步扩大,旅游消费呈现出良好的发展态势,但是在旅游消费结构、旅游消费能力、旅游消费环境及旅游产品的供给水平等方面还存在一些问题,主要表现在以下六个方面:

基本旅游消费比例过大,消费结构不尽合理。消费结构包括长途交通费、游览费、住宿费、餐饮费、市内交通费、商品销售、娱乐费用、邮电通信费、其他费用,其中,前五项为基本旅游费用,后四项为非基本旅游消费。从入境旅游来看,在旅游业发达的国家,非基本旅游消费的比重可以达到60%以上,目前我国非基本旅游消费占40%左右。从国内旅游来看,国内城镇居民散客出游的花费中城市间交通费、住宿费、餐饮费、景点游览费所构成的基本旅游消费在总花费中占了绝对比重,基本旅游消费比例在70%上下小幅度浮动;用于购物、文娱等方面的花费所构成的非旅游消费比例一直都在30%左右。非基本旅游消费支出的比例高低是反映旅游消费结构是否合理的显性指标,国际上规定其最低警戒线为30%,旅游发达国家已高达60%以上,而基本旅游消费支出的比例则控制在30%~40%。我国旅游者用于基本旅游消费的支出长期占总花费的70%左右,而非基本旅游消费费用支出仅占消费总额的30%左右,与旅游发达国家的水平相距甚远。

居民收入差距拉大对旅游消费扩张形成了制约。改革开放以来,我国城乡居民的收入水平显著提高,但收入差距出现了明显的扩大趋势:首先,居民总体收入差距呈现扩大趋势。由于社会财富较多地集中于少数高收入阶层,而低收入阶层的边际消费倾向虽然较高,但其潜在的消费需求因收入增幅的相对下降难以转化为现实需求,从而导致了我国居民的总体边际消费倾向降低,并成为旅游消费需求的强大抑制力。其次,城乡居民收入差距进一步拉大。2013年我国城镇居民人均可支配收入为26955元,农村居民人均纯收入为8896元,前者为后者的3.03倍,农村旅游消费需求的市场潜力还没有充分得到发挥。最后,区域之间以及区域内部居民收入差距呈现扩大趋势。改革开放以来,我国东部地区居民收入增长最快,中部地区次之,西部地区最慢,导致旅游消费群体呈现东密西疏的不均衡发展。此外,我国社会保障制度尚不健全,人们对于未来的收入、支出缺乏准确的预期,亦阻碍了旅游消费的扩大。

出境游客境外消费过度,导致需求外溢现象严重。根据2012年联合国世界旅游组织公布的数字,中国出境游客2012年出境旅游消费1020亿美元,比上一年增长40%,并已经超过美国和德国成为世界第一大旅游消费国。出境旅游的人均花费与人均国民收入不匹配的现象,既说明境外旅游消费存在一定程度的盲目性和非理性消费,又表明我国尚缺乏吸引旅游购物的环境和政策,导致高收入群体出境购物的高消费。这部分消费支出有可能随着中国出境市场的成熟、国内对出境游客购物政策的改变而部分地转化为国内旅游消费需求。

入境消费面临客源分流和人均消费亟待提升两大难题。东亚各国和地区纷纷出台措施争抢国际客源,如东南亚国家出台很多促进入境游的措施以弥补因自然灾害造成的旅游损失,反观我国,旅游发展中长期存在"一流资源、二流开发、三流服务"的粗放型增长,影响了旅游产品的档次和品位,制约了旅游消费规模的扩大和素质的提升。从入境旅游消费结构来看,基本旅游消费支出比重大,而非基本旅游消费支出的比重偏小,2013年非基本旅游消费支出比重仅占33%,接近国际上规定的最低警戒线30%。

旅游消费信贷发展缓慢,制约国内旅游消费增长。在市场经济发达国家,个人旅游消费信贷是个人消费信贷中一项成熟的金融业务产品,是个人消费信贷的重要组成部分。然而,目前我国个人旅游消费信贷发展极其缓慢。制约我国旅游消费信贷发展的因素很多。从消费者行为角度看,一是传统消费观念的制约;二是消费者收支预期的不确定,工作的稳定性和人们对工作的安全感正在消失或减弱,产生和增加了对未来的担忧;三是银行个人消费信贷申办程序太过复杂。从金融机构角度看,一是利益驱动乏力,对于一般金额比较小的个人旅游消费信贷业务不太重视;二是由于社会诚信度不高,我国尚未建立起个人信用等级评价体系可供银行参考,加大了银行的信贷成本和风险。

带薪假期制度普及面小,旅游消费供需不太匹配。集中式的休假制度对刺激我国旅游消费起到了一定的作用,但其中的弊端也已显现。黄金周期间,主要旅游景区点游客数量比平时成倍增加,旅游交通服务全面紧张,不但安全隐患大增,而且降低了旅游质量。闲暇时间的过分集中,在促使旅游需求爆炸性增长、旅游供给难以适应需求、旅游供求不均衡的同时,还容易再度形成旅游供给的泡沫性增长,影响旅游产业的发展。根据国外经验,带薪假期是促进旅游消费大众化的必要的配套制度。主要发达国家的国内旅游之所以能够达到较高的程度,除了旅游支付能力比较高外,与带薪假期的普及不无关系。许多发达国家普遍实行了带薪假期,如美国每年 3~4.5 周,法国 4 周,德国 2.5~3 周,丹麦 5 周等。带薪年休假制度在我国虽已有法可依,但实践中遵照执行的却为数甚少。

三、扩大旅游消费的基本思路

2009 年,旅游业被纳入国家战略。国务院从国民经济增长、人民生活福祉提升的战略高度,将旅游消费置于国家更加突出的位置。促进旅游消费成为贯彻党和国家战略决策的重要任务,是满足人民日益增长的物质精神消费需求的客观要求,是推动城乡一体化发展的重要手段,是引导健康生活方式的积极举措。撬动当前旅游消费的杠杆有四个关键:一是价格,要用优惠措施启动消费,惠及百姓;二是价值,旅游消费不单纯是一般性消费,要推广旅游消费创造价值的理念,突出旅游在营造亲情、构建和谐、获得健康、增长知识、提升能力等方面的消费功能,撬动社会情感、整合综合价值、挖掘潜在需求;三是信心,目前旅游消费受到抑制,关键是消费信心受挫,包括经济危机挫伤了消费信心,也包括灾害频生的影响;四是信誉,要优化消费环境,真正实现放心旅游和明白消费。

因此,扩大旅游消费的基本思路是:强化制度安排、推出惠民措施、培育新兴热点、用好公共政策、完善旅游服务、加强国民旅游教育。第一,要按照扩大消费主体、增加人均消费的思路,强化制度安排。重点是落实带薪休假制度、鼓励实施灵活的休假方式、鼓励把修学旅游纳入教学课程体系以及恢复和扩大职工疗休养计划,并探索推进奖励旅游制度,鼓励企业对有贡献的职工实行奖励旅游。第二,要积极出台惠民措施,重点可以考虑:推动旅行社、饭店、景区、购物点和民航等供应商联合开展"旅游放心消费和让利"活动;鼓励加大国内旅游宣传,鼓励本省人游本省,激发居民出游需求;鼓励各地推出旅游年卡、淡旺季套票;鼓励对学生、离退休干部、民工等参加旅游休闲活动实行让利优惠,特殊节假日对特殊市民免费或让利;积极开展"旅游服务进社区"、"旅游服务回馈社会"、"旅游节庆乐万家"等惠民服务;等等。第三,要积极培育新兴旅游消费热点,重点是加大乡村旅游投入、大力发展新需求和新业态以及推行商务旅行服务等。第四,要用好公共政策,尤其是充分利用好国家应对金融危机、扩大内需的一系列政策措施,以及十八届三中全会的重大改革措施等。第五,要完善旅游服务,比如,加强旅游休闲服务社会化,鼓励商业银行开展旅游信贷业务,加快12301旅游公共信息平台建设,改进和完善全国散客旅游服务体系。第六,要推进旅游教育活动的开展,重点是实施国民旅游休闲宣传计划,树立推进国民旅游休闲就是投资人民健康、分享发展成果的理念,培养国民旅游休闲意识,推广健康的旅游休闲方式。并考虑将大众旅游纳入到经济发展规划中来,作为构建和谐社会、促进旅游产业健康发展的大事来抓,引导企业树立落实国民旅游休闲权利的责任,以及以国内需求为重点建立新型管理模式,把推行国民旅游休闲计划纳入国民经济和社会发展的总体规划中以加强领导,并纳入各级政府工作统筹规划。

四、扩大旅游消费的政策措施

1. 规范旅游消费市场,优化旅游消费环境

一是把握好《旅游法》出台的先机,积极推动各项法律法规建设,夯实旅游发展的法律基础,进一步完善旅游业的行业管理法规、条例、办法,建立较为完善的旅游法规、制度和标准体系。二是坚持不懈地开展旅游市场综合治理,构建公平、合理、规范的旅游市场秩序。消除地方性保护壁垒,允许旅行社在各地开办分支机构、鼓励优秀旅游企业跨地区连锁经营,逐步取消国内旅游地陪制。三是推动建立旅游诚信指标体系,逐步建立起旅游诚信管理、评价、公示、信息披露等工作体系。尽快出台旅行社信誉等级评定办法,并定期发布旅行社质量信息公告,从而为游客选择旅行社提供有价值的参考。引导游客理性消费,旅游企业诚信经营,共同培育健康、和谐的旅游市场。四是加强行业自律能力建设,充分发挥各旅游专业协会、学会和中介组织的职能和作用,推动行业自律机制的形成,不断完善旅游的行业监督机制和社会监督机制。加强行业标准化建设,创新服务手段,提高服务质量和水平。五是加强旅游人才队伍建设,优化人才结构。吸引一些高素质人才进入旅游业,建立健全并组织实施旅游从业人员岗位培训制度、职业资格制度和等级考核制度等,提高旅游从业人员的服务水平和业务素质。六是增强旅游消费的安全性、确定性。要在旅游消费的各个环节建立安全保障、保险机制,同时要减少消费过程的

随意性,坚持诚实守信、优质服务原则,严格履行消费合同,维护旅游服务的形象和信誉。

2. 完善旅游消费体系

一是坚持保护与开发相统一、开发服从保护的原则,统筹规划、科学定位,有序开发旅游资源,大力推进旅游精品建设。着力提升传统观光旅游产品,增加文化科技内涵,增强旅游吸引力、产品生命力和市场竞争力。依托国家重大文化和自然遗产地,深挖文化内涵,完善基础设施,提高管理服务水平,建设一批具有国际竞争力的国家精品旅游景区,推出一批特色鲜明、交通便捷的国家精品旅游线路。加快大众化休闲度假产品建设。优先满足城乡居民休闲度假基本需求,加快开发一批生态旅游、文化旅游、滨海旅游、冰雪旅游、温泉旅游、运动健身旅游等大众化休闲度假产品。推动中高端旅游产品健康发展。适应多样化旅游市场需求,鼓励有条件的地区发展商务旅游、会展旅游、邮轮游艇旅游、医疗健康旅游、科考旅游、海洋旅游、沙漠探险旅游、工业遗产旅游等。二是加快建设和完善旅游配套服务设施。加快建设陆、空、海立体旅游交通体系,完善旅游消费场所停车场、交通指示牌等旅游配套服务设施。三是拉长旅游产业消费链。规划建设城市旅游商业娱乐集中消费区,建设旅游购物一条街、餐饮小吃一条街等。四是完善旅游消费服务体系。以信息化为载体,大力发展旅游电子商务、旅游电子消费结算,建设游客咨询中心、游客集散中心。

3. 打造旅游消费新的增长极

要进一步扩大我国旅游消费,必须在发挥现有要素作用增加常规消费的同时,在空间上将乡村旅游消费、在时间上将夜间旅游消费作为扩大旅游消费的两大增长极。旅游消费在空间结构上包括城市和乡村两大板块。我国新的休假制度有119天假日,其中有105天是2～3天的短假期,乡村旅游将是吸纳近郊游和短程游的最佳空间载体。因此,旅游消费在空间上,应由目前的城市板块单极拉动,转变为城乡两大板块同时拉动,实行城乡统筹,城乡一体化发展。夜间旅游消费占旅游总消费的比重偏低的状况严重制约了旅游消费的增长。应当把夜间旅游消费作为扩大旅游消费新的增长极,尽快将目前我国旅游消费主要依靠白天消费拉动的半日发展模式,转变为白天消费与夜间消费双重拉动的全天候发展模式,大力开发适合不同游客需求的夜间旅游消费产品,优化夜间旅游消费环境,通过增加夜间旅游消费,进一步扩大旅游总消费。

4. 提高入境旅游消费层次

一是要紧紧围绕国家政治、外交、外经贸、外宣等工作,开展一系列与其他国家的旅游交流活动。二是要加大海外宣传促销力度,进一步加强旅游宣传促销的专业性,创新旅游宣传促销模式,形成海外市场促销的长效机制。要研究完善对外促销的工作方式,增加海外促销预算,善于运用多种方式、多种手段,把宣传促销做到重点客源市场中去。如利用当地媒体特别是主流媒体来做旅游宣传;与广电、文化等部门配合,利用其现有的网络做旅游宣传;同时要注意做好对欧美、我国港澳台地区等细分市场的促销工作,促进入境游的快速发展。三是进一步开拓入境旅游客源市场,促使出境市场和入境市场联动,推动与主要客源国进行市场互换、客源互动。四是通过积极改善旅游目的地形象、提高旅游服务质量、开发适销的旅游商品、开展多层次娱乐活动等措施,提高入境旅游非基本消费比重。加强对购物旅游资源的开发力度,发展适销对路的旅游精品,并努力提高旅游商品的质量。要重视旅游商品的设计和研制,开发既具有我国传统文化和民族特色,又能激发旅游者美好回忆、适应旅游者精神消费需求的旅游商品。完善入境旅游者的购物退税制度、保险制度,健全邮购、托运体系等,形成覆盖全国和延伸到国外的经营网络,方便入境旅游者购买高品位的旅游商品。注重提高旅游从业人员的素质,以诚挚热情的服务态度和合理的服务方式最大限度地满足旅游者的消费需求。

5. 促进国内旅游消费升级

一是适度增加城镇居民的可支配收入,尽快建立和完善社会保障制度,提高居民的有效购买力;缩小收入分配差距,整顿和规范分配秩序。二要挖掘农民旅游需求潜力。一方面鼓励旅行社开拓农村旅游市场,另一方面降低行业门槛,给予相应的政策优惠,成立一些以农民为旅游服务对象的旅行社,让广大农民享受较低价位的旅游服务。三是培育发展个人旅游消费信贷。倡导适度负债和超前消费的新观念,简化银行信贷手续、建立个人信用评价体系。鼓励旅游部门与银行联合,通过给予旅游贷款申请者一定的折扣,调动其利用旅游信贷进行旅游消费的积极性。这种机制既有利于旅游地和旅游部门保证稳定的客源和收入,有效地利用旅游资源,也有利于银行充分利用闲置资金,拓宽业务领域,获取一定的利润。

6. 完善旅游公共服务体系建设

一是要重点解决旅游道路、旅游厕所、景区停车场、游客服务中心和旅游安全设施等瓶颈制约问题。交通部门要完善高速公路网,加快干线公路连接主要景区的公路建设,完善公路旅游标志系统,配套建设好沿线的休息、餐饮、购物服务区。民航要加快中西部旅游支线机场建设。各地要加强城市游客服务中心和旅游集散中心建设,加强旅游区环境基础设施建设,因地制宜建设污水处理、垃圾收集处置设施。实施旅游厕所改扩建工程,重点加强农村和中西部地区旅游厕所建设。二是加强旅游消费便利化服务。要适应大众化旅游快速发展的需要,增加旅游目的地与主要客源地之间的航线航班,增开重点旅游目的地旅游列车,完善车票预售和异地购票办法,改善列车、车站服务设施,城市公交服务网络要延伸到城市周边主要景区和乡村旅游点。进一步完善散客和自驾车游客服务体系,推动自驾车营地建设。进一步简化旅游出入境手续,在主要口岸增加对特定客源地旅游者实行短期免签证或口岸签证,改善出入境服务。三是要切实加强旅游公共信息服务,旅游部门要建立健全旅游公共信息服务体系,气象部门要为旅游者提供及时、准确的气象服务,广播、电视、报刊、互联网等公众媒体要进一步丰富旅游公共服务信息。四是要加快散客旅游服务体系建设。例如,建立旅游咨询服务中心、旅游呼叫服务中心等旅游目的地信息系统,向游客介绍自助游线路,使旅游者在出行前和出行过程中,能通过多种途径方便地了解到旅游目的地的各种信息;建立旅游网络预订系统,使游客通过网络能够方便地预订到机票、车票、酒店、景点门票等,并提供优惠的自助游套票,享受一定的折扣;建立旅游网上支付结算系统,保证游客旅游消费支出的安全和便捷;建立旅游网上投诉和救援系统,当游客在合法权益受到损害和生命安全遇到危险时能够得到及时救助。

7. 加大政策支持力度

一是更加重视扩大旅游消费和发展旅游业,把旅游发展列入国民经济发展总体规划,纳入国民经济核算体系,设立系列指标,建立定点和抽样统计制度。二是完善消费时间的制度安排,在现有假期安排的基础上,推动落实带薪休假制度,优化旅游消费的时间结构。三是加大旅游的投入力度,改善投融资环境。国家要适当加大对旅游基础设施的投入,适度增加用于旅游设施建设的国债资金,主要投向直接为旅游景区配套的旅游道路、垃圾污水处理设施、供水供电设施、自然环境和文化遗产保护设施等,各级政府要将支持旅游业发展纳入政府公共财政预算,加大对旅游基础设施建设的投入,保障旅游宣传促销和公共服务体系日常运行经费。对旅游企业的经营,金融机构要加大信贷支持力度,推出中小企业的贷款优惠政策。完善旅游业投融资体系,加大政府性投融资平台对旅游企业和旅游项目的担保力度,放宽贷款抵押担保条件。四是优化土地政策。对符合国家产业政策、就业容量大、生态效益好、对地方经济发展带动性强的重点旅游项目,要优先保障用地,并将用地使用权出让年限由40年延长至50年。为支持城市"退二进三"产业结构调整,制定有关旅游用地的土地转让金给地方政府的优惠政策。五是为扩大旅游消费提供一定的政策优惠,如适当调低商品进口关税,适时征收出境旅游消费税,对新办旅游企业实行税收优惠等;旅行社可以通过招标方式代理财政供养单位经批准的公务活动;旅游企业吸纳失业下岗职工和国有企业转制职工就业,可享受同等的再就业优惠政策。六是建立旅游资源统一规划、合理开发、统筹发展的机制,强化旅游管理部门的协调功能,建立综合协调机制,提高我国旅游业的整体竞争力。

8. 倡导旅游绿色消费,建设绿色旅游产业体系

按照建设资源节约型、环境友好型社会的要求,全面推进资源保护型旅游开发方式、资源节约型旅游经营方式和环境友好型旅游消费方式,实现旅游消费的持续、健康发展。一是实行保护性开发,变盲目的、掠夺式的粗放型开发为集约化的开发,最大限度地减少开发过程中对资源造成的破坏。二是要转换旅游资源开发的机制,实行开发权的拍卖、产权和经营权的转让、承包租赁制和名店委托经营等多种形式,大胆推开、公开操作。三是在对乡村旅游资源开发的过程中,注重乡村地区的生态保护和文化传承。一方面,要通过科学规划、合理开发、有效利用,杜绝对资源和生态环境的破坏性开发;另一方面,要积极挖掘优秀民族民俗文化,推进民族民间文化原生态产品化开发,使旅游发展既担负起乡村生态环境的保护者角色,又成为弘扬民族民俗原生态文化的主要舞台。

附录1　开放式研究问卷

旅游消费调查问卷

尊敬的朋友,您好!

我们是东北财经大学旅游与酒店管理学院的旅游消费调查小组。目前正在做关于中国城镇居民旅游消费的调查研究。恳请您能抽空填答这份问卷。我们承诺绝对为您保密,并仅作学术研究之用。

感谢您的支持和配合,祝您幸福安康!

东北财经大学旅游消费调查小组
2009 年 7 月

说明: 请您在"_____"上直接填答。

问题1: 您想出去旅游吗?(如果想出去旅游,请您列出"想出去旅游"的理由;如果不想出去旅游,请您列出"不想出去旅游"的理由。至少三条,按重要性排序。)

理由1:_____.
理由2:_____.
理由3:_____.
理由4:_____.
理由5:_____.

问题2: 您喜欢旅游吗?(如果喜欢旅游,请您列出"喜欢旅游"的理由;如果不喜欢旅游,请您列出"不喜欢旅游"的理由。至少三条,按重要性排序。)

理由1:_____.
理由2:_____.

理由3：_____.
理由4：_____.
理由5：_____.

问题3：近年来，全国各地参加旅游的人越来越多。您认为人们参加旅游的主要目的是什么？（按重要性排序。有多少，写多少。不够可以另加页。）

目的1：_____.
目的2：_____.
目的3：_____.
目的4：_____.
目的5：_____.
目的6：_____.

问题4：您最近一次出去旅游的目的地是：_____.
您去那里旅游的主要目的有（按重要性排序）：

目的1：_____.
目的2：_____.
目的3：_____.
目的4：_____.
目的5：_____.

问题5：在决定是否出去旅游时，您主要考虑哪些因素？（按重要性排序）

因素1：_____.
因素2：_____.
因素3：_____.
因素4：_____.
因素5：_____.

问题6：下一次出去旅游，您准备去哪里？_____.
请您列出准备去那里旅游的主要原因。（按重要性排序）

原因1：_____.
原因2：_____.
原因3：_____.
原因4：_____.

原因5：＿＿＿＿＿＿＿＿＿＿＿＿＿＿＿＿＿＿＿＿＿＿＿＿＿＿＿＿＿＿＿＿＿．

问题7：请您列出您最喜欢的三个旅游目的地，然后分别列出您喜欢这三个旅游目的地的三条主要理由（按重要性排序）．

最喜欢的旅游目的地是：＿＿＿＿＿＿＿＿＿＿＿＿＿＿＿＿＿＿＿＿＿＿＿．

理由1：＿＿＿＿＿＿＿＿＿＿＿＿＿＿＿＿＿＿＿＿＿＿＿＿＿＿＿＿＿＿．

理由2：＿＿＿＿＿＿＿＿＿＿＿＿＿＿＿＿＿＿＿＿＿＿＿＿＿＿＿＿＿＿．

理由3：＿＿＿＿＿＿＿＿＿＿＿＿＿＿＿＿＿＿＿＿＿＿＿＿＿＿＿＿＿＿．

第二喜欢的旅游目的地是：＿＿＿＿＿＿＿＿＿＿＿＿＿＿＿＿＿＿＿＿．

理由1：＿＿＿＿＿＿＿＿＿＿＿＿＿＿＿＿＿＿＿＿＿＿＿＿＿＿＿＿＿＿．

理由2：＿＿＿＿＿＿＿＿＿＿＿＿＿＿＿＿＿＿＿＿＿＿＿＿＿＿＿＿＿＿．

理由3：＿＿＿＿＿＿＿＿＿＿＿＿＿＿＿＿＿＿＿＿＿＿＿＿＿＿＿＿＿＿．

第三喜欢的旅游目的地是：＿＿＿＿＿＿＿＿＿＿＿＿＿＿＿＿＿＿＿＿．

理由1：＿＿＿＿＿＿＿＿＿＿＿＿＿＿＿＿＿＿＿＿＿＿＿＿＿＿＿＿＿＿．

理由2：＿＿＿＿＿＿＿＿＿＿＿＿＿＿＿＿＿＿＿＿＿＿＿＿＿＿＿＿＿＿．

理由3：＿＿＿＿＿＿＿＿＿＿＿＿＿＿＿＿＿＿＿＿＿＿＿＿＿＿＿＿＿＿．

问题8：请说一说，旅游在您生活中的地位和意义。

＿＿＿＿＿＿＿＿＿＿＿＿＿＿＿＿＿＿＿＿＿＿＿＿＿＿＿＿＿＿＿＿＿＿＿

＿＿＿＿＿＿＿＿＿＿＿＿＿＿＿＿＿＿＿＿＿＿＿＿＿＿＿＿＿＿＿＿＿＿＿

＿＿＿＿＿＿＿＿＿＿＿＿＿＿＿＿＿＿＿＿＿＿＿＿＿＿＿＿＿＿＿＿＿＿＿

＿＿＿＿＿＿＿＿＿＿＿＿＿＿＿＿＿＿＿＿＿＿＿＿＿＿＿＿＿＿＿＿＿＿＿

问题9：请说一说，您对旅游的态度和看法。

＿＿＿＿＿＿＿＿＿＿＿＿＿＿＿＿＿＿＿＿＿＿＿＿＿＿＿＿＿＿＿＿＿＿＿

＿＿＿＿＿＿＿＿＿＿＿＿＿＿＿＿＿＿＿＿＿＿＿＿＿＿＿＿＿＿＿＿＿＿＿

＿＿＿＿＿＿＿＿＿＿＿＿＿＿＿＿＿＿＿＿＿＿＿＿＿＿＿＿＿＿＿＿＿＿＿

＿＿＿＿＿＿＿＿＿＿＿＿＿＿＿＿＿＿＿＿＿＿＿＿＿＿＿＿＿＿＿＿＿＿＿

背景资料，请您在合适的"□"中打"√"，或"＿＿＿＿"填答。

1. 您的性别：□男　　□女；2. 您的年龄：＿＿＿＿＿＿岁

3. 您的居住地：＿＿＿＿＿＿省＿＿＿＿＿＿市＿＿＿＿＿＿镇

4. 您的婚姻状况：

□未婚　　□已婚　　□离异　　□丧偶　　□其他

5. 您的受教育程度：

□小学　　□初中　　□中专或高中　　□大学　　□研究生

6. 您的目前生活状态：

□单身居住　　□夫妻合住　　□与儿女同住　　□与父母同住　　□三代同堂

7. 您的职业：

□政府工作人员　　□企事业管理人员　　□专业/技术/文教科技人员

□营销/销售人员　　□技工/工人　　□退休人员　　□家庭主妇　　□其他

8. 您个人的月收入：

□1000元以下；　　□1001~2000元；　　□2001~3500元；

□3501~5000元　　□5001~8000元　　□8000元以上

9. 您家庭的经济状况：_____分(非常好给10分,非常差给1分)。

再次感谢您的支持和配合！

附录2　定量研究问卷

中国城镇居民旅游消费行为调查问卷

尊敬的女士/先生,您好!

我们是东北财经大学"中国城镇居民旅游消费行为研究"课题组。目前,正在全国多个城市对城镇居民的旅游消费行为进行调查,旨在了解人们的旅游消费意愿、动机以及行为特性等,以便为国家制定旅游消费政策等提供一些参考。恳请您抽空花十几分钟左右的时间填答这份问卷。您的看法和意见对于我们这项研究非常重要。此问卷仅作学术研究之用,不作其他用途,并采用不记名的方式填写,敬请放心。

感谢您的支持和配合,祝您幸福安康!

中国城镇居民旅游消费行为研究课题组
东北财经大学旅游与酒店管理学院

特别说明:

(1)本问卷为匿名问卷,信息只作统计分析使用,绝对为您保密。

(2)本问卷的所有题目,都没有正确与错误之分,请您如实填答。

第一部分: 背景资料,请根据您的实际情况在合适的方框"□"内打"√"。

1. 您的性别:□男　　□女

2. 您的年龄:

□25岁以下　　□26~34岁　　□35~44岁　　□45~54岁

□55~64岁　　□65岁以上

3. 您的婚姻状况:

□未婚　　□已婚,尚未有子女　　□最小子女不满6岁

☐最小子女在6~18岁之间　　☐最小子女已超过18岁,但尚未独立

☐子女都已经独立　　　☐其他

4. 您的受教育程度:

☐小学　　☐初中　　☐中专或高中　　☐大学　　☐研究生

5. 您的职业:

☐公务员　　☐国有企业员工　　☐外资企业员工　　☐学生

☐私企员工　　☐事业单位员工　　☐个体就业或自由职业者

☐退休人员　　☐军人/警察　　☐教育和科研单位人员　　☐其他

6. 您最近三年的平均月收入(包括所有收入):

☐1000元以下　　☐1001~2000元　　☐2001~3000元　　☐3001~4000元

☐4001~5000元　　☐5001~7500元　　☐7501~10000元　　☐10000元以上

7. 您家庭的经济状况:＿＿＿＿＿＿分(非常好给10分,非常差给1分)。

8. 您的居住情形:

☐单亲家庭(自己+子女)　　☐三代同堂　　☐独居

☐与配偶+子女同住　　☐仅与配偶同住　　☐其他

9. 您的健康状况:

☐很好　　☐好　　☐普通　　☐差　　☐很差

10. 您的居住地:＿＿＿＿＿＿省＿＿＿＿＿＿市

第二部分:本部分主要想了解"**您过去三年内参加旅游活动的情况**",请根据您的实际情况和真实想法,在相应的方框"☐"内打"√"。

1. 过去三年您是否曾经参加过国内旅游活动?

☐是的(请继续回答下列问题)

☐没有(请跳到第2题继续作答)

(1) 请问您最近三年内,参加国内旅游主要是由谁决定的(单选):

☐自己　　☐配偶　　☐夫妻共同决定　　☐子女决定　　☐其他

(2) 请问您最近三年内,参加国内旅游经常与谁结伴(至多选两项):

☐独自一人　　☐配偶　　☐子女或父母　　☐亲友或邻居　　☐同事　　☐其他

(3) 请问您最近三年内,获得国内旅游相关信息的主要渠道是(至多选两项):

☐家人推荐　　☐旅行社介绍　　☐报纸　　☐电视　　☐广播

□个人经验　　□朋友介绍　　□广告　　□网络　　□其他

(4)请问您最近三年内,参加国内旅游每次平均停留大约多少天？（单选）

□1 天以内　　□2～3 天　　□4～5 天　　□6～7 天　　□7 天以上

(5)请问您最近三年内,参加国内旅游主要的交通工具是(至多选两项)：

□自驾车　　□火车　　□飞机　　□轮船　　□长途汽车

□旅行社的车　　□其他

(6)请问您最近三年内,参加国内旅游主要的旅游方式是(单选)：

□旅行社组团　　□单位组织　　□半自助旅游　　□完全自助旅游　　□其他

(7)请问您最近三年内,参加国内旅游的费用主要是由谁支付的？（单选）：

□全部由自己　　□大部分由自己　　□小部分由自己

□完全不是由自己支付

(8)请问您最近三年内,参加国内旅游每次平均花费大约多少元？（单选）：

□500～1000 元　　□1001～1500 元　　□1501～2000 元　　□2001～3000 元

□3001～4000 元　　□4001～5000 元　　□5001～8000 元　　□8000 元以上

(9)请问您最近三年内,参加国内旅游最主要的目的为何？（至多选三项）：

□游览观光　　□度假　　□商务会议　　□休闲娱乐　　□避烦解闷

□文化/体育/科技交流　　□健康/疗养　　□宗教/朝拜　　□美食

□探亲访友　　□购物　　□特殊兴趣(如摄影)　　□其他

(10)请问您最近三年内,参加国内旅游的频率是(单选)：

□多于 4 次/年　　□3～4 次/年　　□约半年 1 次

□大约每年 1 次　　□约 0.5～1 次/年　　□少于两年一次

(11)请问您最近三年内,参加国内旅游时比较喜欢的活动是(至多选三项)：

□休闲娱乐　　□探险等刺激性活动　　□健身疗养　　□欣赏自然风景

□参观名胜古迹　　□体验乡村生活　　□休闲运动　　□文化体验活动

□看演出或表演　　□主题游乐项目　　□其他：_____.

2. 在决定是否去某地旅游时,您考虑的主要因素是(至多选三项)：

□旅游费用　　□家人的意见　　□个人的偏好　　□目的地的特色和吸引力

□闲暇多少　　□旅游安全　　□旅伴是否合适　　□周围的人是否出去旅游

□经济状况　　□天气状况　　□交通便利与否　　□目的地的旅游环境

3. 阻碍您参加国内旅游活动的主要因素是(至多选三项)：

☐工作忙、没时间　　☐需要照顾家人　　☐经济不太宽裕　　☐身体欠佳
☐害怕旅途劳累　　☐没有合适旅伴　　☐对旅游没兴趣　　☐担心旅游安全
☐怕花钱受罪　　　☐担心水土不服　　☐气候和天气　　　☐家人不赞成
☐旅游得不偿失　　☐还有更重要的事情要做　　☐其他：_____.

第三部分：本部分主要想了解"**您对旅游活动的态度及涉入情况**"，请根据您对下列各种说法的认同程度，在相应的方框"☐"内打"√"。

1. 旅游对我来说是很重要的休闲活动
　☐完全不同意　　☐不同意　　☐中等　　☐同意　　☐完全同意

2. 我会有计划地参加旅游活动
　☐完全不同意　　☐不同意　　☐中等　　☐同意　　☐完全同意

3. 我觉得参加旅游是给自己的奖赏
　☐完全不同意　　☐不同意　　☐中等　　☐同意　　☐完全同意

4. 我比较关注旅游相关信息或新闻
　☐完全不同意　　☐不同意　　☐中等　　☐同意　　☐完全同意

5. 我非常喜欢旅游
　☐完全不同意　　☐不同意　　☐中等　　☐同意　　☐完全同意

6. 参加旅游活动让我得到很多乐趣
　☐完全不同意　　☐不同意　　☐中等　　☐同意　　☐完全同意

7. 我平时经常和其他人讨论与旅游相关的话题
　☐完全不同意　　☐不同意　　☐中等　　☐同意　　☐完全同意

8. 我愿意多花一些时间参加旅游活动
　☐完全不同意　　☐不同意　　☐中等　　☐同意　　☐完全同意

9. 旅游是让我感到满意的休闲活动
　☐完全不同意　　☐不同意　　☐中等　　☐同意　　☐完全同意

10. 旅游对我来说是一件有意义的活动
　☐完全不同意　　☐不同意　　☐中等　　☐同意　　☐完全同意

11. 旅游活动已经成为我日常生活的一部分
　☐完全不同意　　☐不同意　　☐中等　　☐同意　　☐完全同意

12. 旅游是可以表现我个人风格的休闲活动

☐完全不同意　　☐不同意　　☐中等　　☐同意　　☐完全同意

13. 旅游是我主要的休闲活动

☐完全不同意　　☐不同意　　☐中等　　☐同意　　☐完全同意

14. 我经常鼓励家人参加旅游活动

☐完全不同意　　☐不同意　　☐中等　　☐同意　　☐完全同意

15. 我愿意邀请亲友或邻居一同出去旅游

☐完全不同意　　☐不同意　　☐中等　　☐同意　　☐完全同意

16. 我的家庭经常一起出去旅游

☐完全不同意　　☐不同意　　☐中等　　☐同意　　☐完全同意

17. 我喜欢利用周末外出旅游

☐完全不同意　　☐不同意　　☐中等　　☐同意　　☐完全同意

18. 出去旅游时,我愿意支付高价以享受最好的服务

☐完全不同意　　☐不同意　　☐中等　　☐同意　　☐完全同意

19. 我经常参加单位、社团或社区所举办的旅游活动

☐完全不同意　　☐不同意　　☐中等　　☐同意　　☐完全同意

20. 我的家庭收藏许多全家一起外出旅游的照片

☐完全不同意　　☐不同意　　☐中等　　☐同意　　☐完全同意

第四部分:本部分主要想了解"**您参加旅游活动的原因**",请根据下列各项对您外出旅游的重要程度,在相应的方框"☐"内打"√"。

1. 散心/心灵放松

☐非常不重要　　☐不重要　　☐中等　　☐重要　　☐非常重要

2. 排解工作压力

☐非常不重要　　☐不重要　　☐中等　　☐重要　　☐非常重要

3. 增长见识,开阔眼界

☐非常不重要　　☐不重要　　☐中等　　☐重要　　☐非常重要

4. 暂时摆脱单调乏味的日常生活

☐非常不重要　　☐不重要　　☐中等　　☐重要　　☐非常重要

5. 最近旅游很流行,周围的人大多都去旅游,我也就随大流

☐非常不重要　　☐不重要　　☐中等　　☐重要　　☐非常重要

6. 与家人度过一段难忘的时光/增进与家人的感情

☐非常不重要　　☐不重要　　☐中等　　☐重要　　☐非常重要

7. 带孩子见世面

☐非常不重要　　☐不重要　　☐中等　　☐重要　　☐非常重要

8. 远离城市的嘈杂

☐非常不重要　　☐不重要　　☐中等　　☐重要　　☐非常重要

9. 享受旅途中与亲友或其他人交往带来的乐趣

☐非常不重要　　☐不重要　　☐中等　　☐重要　　☐非常重要

10. 陪同父母或其他家人

☐非常不重要　　☐不重要　　☐中等　　☐重要　　☐非常重要

11. 寻求刺激/满足好奇心

☐非常不重要　　☐不重要　　☐中等　　☐重要　　☐非常重要

12. 逃避烦恼

☐非常不重要　　☐不重要　　☐中等　　☐重要　　☐非常重要

13. 欣赏祖国大好河山

☐非常不重要　　☐不重要　　☐中等　　☐重要　　☐非常重要

14. 游览名胜古迹

☐非常不重要　　☐不重要　　☐中等　　☐重要　　☐非常重要

15. 亲近自然

☐非常不重要　　☐不重要　　☐中等　　☐重要　　☐非常重要

16. 探亲访友

☐非常不重要　　☐不重要　　☐中等　　☐重要　　☐非常重要

17. 促进身体健康

☐非常不重要　　☐不重要　　☐中等　　☐重要　　☐非常重要

18. 体验新的事物或参观新的景点

☐非常不重要　　☐不重要　　☐中等　　☐重要　　☐非常重要

19. 寻求心灵寄托

☐非常不重要　　☐不重要　　☐中等　　☐重要　　☐非常重要

20. 体验不同的文化和生活方式

☐非常不重要　　☐不重要　　☐中等　　☐重要　　☐非常重要

21. 享受生活,犒赏自己

　　□非常不重要　　□不重要　　□中等　　□重要　　□非常重要

22. 圆自己的梦想

　　□非常不重要　　□不重要　　□中等　　□重要　　□非常重要

23. 宗教朝圣

　　□非常不重要　　□不重要　　□中等　　□重要　　□非常重要

24. 增进朋友或同事的感情

　　□非常不重要　　□不重要　　□中等　　□重要　　□非常重要

25. 身临其境,见证已有知识和经验(比如,访问电影拍摄的地方)

　　□非常不重要　　□不重要　　□中等　　□重要　　□非常重要

26. 享受无所事事的惬意

　　□非常不重要　　□不重要　　□中等　　□重要　　□非常重要

27. 满足自己的怀旧情结

　　□非常不重要　　□不重要　　□中等　　□重要　　□非常重要

28. 购物

　　□非常不重要　　□不重要　　□中等　　□重要　　□非常重要

29. 参与各式各样的有趣活动

　　□非常不重要　　□不重要　　□中等　　□重要　　□非常重要

30. 为了肯定自我、增强自我形象

　　□非常不重要　　□不重要　　□中等　　□重要　　□非常重要

31. 享受各地美味佳肴

　　□非常不重要　　□不重要　　□中等　　□重要　　□非常重要

32. 认识新的朋友和接触不同类型的人

　　□非常不重要　　□不重要　　□中等　　□重要　　□非常重要

33. 挑战自己的能力

　　□非常不重要　　□不重要　　□中等　　□重要　　□非常重要

34. 让自己活得更积极

　　□非常不重要　　□不重要　　□中等　　□重要　　□非常重要

35. 休息,达到身体上的放松

　　□非常不重要　　□不重要　　□中等　　□重要　　□非常重要

36. 回来后可以和亲友分享旅游的经验
□非常不重要　　□不重要　　□中等　　□重要　　□非常重要

第五部分：请根据您对下列各种景观感兴趣的程度，在相应的方框"□"内打"√"。

旅游景观	非常感兴趣	比较感兴趣	一般	不太感兴趣	非常不感兴趣
1. 海滨沙滩	□	□	□	□	□
2. 山水风光	□	□	□	□	□
3. 乡村田园	□	□	□	□	□
4. 休闲娱乐	□	□	□	□	□
5. 文物古迹	□	□	□	□	□
6. 宗教寺庙	□	□	□	□	□
7. 文化艺术	□	□	□	□	□
8. 民俗风情	□	□	□	□	□
9. 旅游购物	□	□	□	□	□
10. 美食佳肴	□	□	□	□	□
11. 节庆活动	□	□	□	□	□
12. 休闲度假	□	□	□	□	□
13. 都市景观	□	□	□	□	□
14. 健康疗养	□	□	□	□	□
15. 古城古镇	□	□	□	□	□

其中，最感兴趣的是_____；最不感兴趣的是_____（填序号，至多两项）。

第六部分：本部分主要想了解"**您在选择去哪里旅游的时候比较看重的因素**"，请根据您对下列各种因素的重视程度，在相应的方框"□"内打"√"。

1. 自然风景的优劣
□非常不重要　　□不重要　　□中等　　□重要　　□非常重要

2. 历史文化古迹是否具有吸引力
□非常不重要　　□不重要　　□中等　　□重要　　□非常重要

3. 目的地的风俗和生活方式

□非常不重要　□不重要　□中等　□重要　□非常重要

4. 目的地的居民态度是否友善

□非常不重要　□不重要　□中等　□重要　□非常重要

5. 目的地的治安状况

□非常不重要　□不重要　□中等　□重要　□非常重要

6. 目的地的旅游环境

□非常不重要　□不重要　□中等　□重要　□非常重要

7. 目的地的交通条件

□非常不重要　□不重要　□中等　□重要　□非常重要

8. 目的地的气候和天气

□非常不重要　□不重要　□中等　□重要　□非常重要

9. 总的旅行费用（包括交通、住宿和饮食等）

□非常不重要　□不重要　□中等　□重要　□非常重要

10. 目的地是否有多样性的游憩设施和活动可以参与

□非常不重要　□不重要　□中等　□重要　□非常重要

11. 目的地是否具有美食佳肴

□非常不重要　□不重要　□中等　□重要　□非常重要

12. 目的地的购物条件是否优良

□非常不重要　□不重要　□中等　□重要　□非常重要

13. 目的地的形象和口碑

□非常不重要　□不重要　□中等　□重要　□非常重要

14. 历史或家族的关联性

□非常不重要　□不重要　□中等　□重要　□非常重要

15. 目的地的生态环境

□非常不重要　□不重要　□中等　□重要　□非常重要

辛苦了！真诚感谢您的帮助！恳请再看一下有无遗漏的题目！

参考文献

[1]白凯,马耀峰,李天顺.环境感知因素对旅华背包客旅游决策行为影响研究——以西安为例.旅游学刊,2006,21(5):48-52.

[2]保继刚.旅游者行为研究.社会科学家,1987(6):19-22.

[3]保继刚,李丽梅.大学生旅游行为研究——以中山大学为例.桂林旅游高等专科学校学报,2000,11(4):45-54.

[4]包亚芳.基于"推—拉"理论的杭州老年人出游动机研究.旅游学刊,2009(11):47-52.

[5]蔡洁,赵毅.国内女性游客旅游消费行为实证研究——以重庆旅游目的地为例.旅游科学,2005,19(2):24-27.

[6]陈德广,苗长虹.基于旅游动机的旅游者聚类研究——以河南省开封市居民的国内旅游为例.旅游学刊,2006(6):22-28.

[7]陈德科.消费者对旅游产品的信息搜寻行为研究.社会科学家,2005(S1):428-433.

[8]陈健昌,保继刚.旅游者的行为研究及其实践意义.地理研究,1988,7(3):44-51.

[9]陈晓静.会议旅游目的地的选择与评估——以上海为例.旅游学刊,2005,20(1):80-83.

[10]戴斌,杨宏浩.出境旅游市场影响因素理论与实证分析.企业经济,2009(8):131-134.

[11]杜江,厉新建,秦宇,李宏.中国出境旅游变动趋势分析.旅游学刊,2002,17(3):44-48.

[12]范业正.旅游者需求与消费行为始终是旅游研究的前沿问题.旅游学刊,2005,20(3):10-11.

[13] 付邦道. 浅析旅游动机的激发. 开封教育学院学报,2003,23(4):11-24.

[14] 国家发改委宏观研究院产业经济研究所课题组. 促进旅游消费加快扩大内需. 中国旅游报,2007-10-17(13).

[15] 郭来章,郭鲁芳. 试论旅游消费的特点. 商业经济与管理,1989(3):73-76.

[16] 谷慧敏,伍春来. 中国收入分配结构演变对国内旅游消费的影响. 旅游学刊,2003,18(2):19-23.

[17] 黄洁. 从"乡土情结"角度谈乡村旅游开发. 思想战线,2003(5):24-26.

[18] 黄万英,蒙睿,叶文. 国内旅游者旅游行为研究述评. 桂林旅游高等专科学校学报,2005,16(6):57-60.

[19] 柯青. 网络消费者购买行为模式研究. 上海:华东师范大学硕士学位论文,2004.

[20] 李一玮,夏林根. 国内城镇居民旅游消费结构分析. 旅游科学,2004,18(2):30-38.

[21] 林巧,戴维奇. 红色旅游者动机实证研究——以井冈山为例. 北京第二外国语学院学报(旅游版),2007,143(3):72-81.

[22] 林增学. 旅游者消费行为模式及其相关因素的分析. 桂林旅游高等专科学校学报,1999,10(4):21-24.

[23] 刘昌雪. 基于推力—引力因素的旅游动机定量评价研究——以黄山为例兼论与韩国国家公园的比较. 资源开发与市场,2007,23(1):13-17.

[24] 刘纯. 关于旅游行为及其动机的研究. 心理科学,1999,22:67-69.

[25] 娄世娣. 旅游动机及其激发. 经济经纬,2002(1):70-73.

[26] 陆林. 山岳型景区旅游者空间行为研究——兼论黄山与美国黄石公园之比较. 地理学报,1996,51(4):315-321.

[27] 陆林. 山岳型旅游地生命周期研究. 地理科学,1997,17(1):63-69.

[28] 卢松等. 西递国内游客特征,旅游动机及旅游效果的初步研究. 安徽师范大学学报,2003(1):62-65.

[29] 骆培聪. 香港境外客源特征分析及旅游业展望. 人文地理,1997(2):24-28.

[30] 毛端谦,张捷,包浩生. 基于Lancaster特性理论的旅游目的地选择模式——理论分析与江西省旅游客流的实证研究. 地理研究,2005,24(6):992-999.

[31] 宁士敏. 中国旅游消费研究. 北京:北京大学出版社,2003.

[32] 钱林晓. 旅游消费理论研究的新思考——评析贝克尔的新消费者行为理论. 桂

林旅游高等专科学校学报,2000,11(1):56-59.

[33]沈祖祥.旅游心理学.福州:福建人民出版社,2009.

[34]孙惠春.现代人旅游动机的心理学分析.辽宁工程技术大学学报,2003,5(2):102-104.

[35]孙喜林.旅游心理学.大连:东北财经大学出版社,2002.

[36]舒伯阳.基于消费者行为分析的区域旅游市场规划方法研究.人文地理,2003,18(4):16-18.

[37]唐代剑,隋丽娜.长三角居民赴韩旅游消费模式初探.桂林旅游高等专科学校学报,2006,17(2):129-133.

[38]屠如骥.旅游心理学.天津:南开大学出版社,1986.

[39]王宁.消费社会学——一个分析的视角.北京:社会科学文献出版社,2001.

[40]王雪华.旅游产品与消费者行为关系简析.武汉大学学报(哲学社会科学版),1997(5):36-38.

[41]吴必虎,等.中国城市居民旅游目的地选择行为研究.地理学报,1997,52(3):97-103.

[42]席建超.旅游者旅游消费结构及潜力分析——以入境旅游者旅游消费为例.桂林旅游高等专科学校学报,2003,14(2):38-41.

[43]谢彦君.按需求特征细分英国赴华度假旅游市场.旅游学刊,1994(5):18-19.

[44]谢彦君.基础旅游学(第二版).北京:中国旅游出版社,2004.

[45]徐安琪.市民旅行方式、特征、趋势及其影响因素分析.统计研究,2006(9):71-75.

[46]徐菊凤.度假旅游者需求与行为特征分析——以中、俄赴三亚旅游者为例.旅游学刊,2007,22(12):59-65.

[47]许春晓.中国旅游消费研究进展及其主攻方向.经济问题探索,1999(2):60-62.

[48]杨丽萍.我国消费者旅游消费行为的实证分析.中北大学学报,2005,21(3):41-43.

[49]杨新军,等.旅游行为空间模式及其评价.经济地理,2000,20(4):105-108.

[50]杨雁.旅游动机的行为研究.渝州大学学报,2002,19(4):91-93.

[51]约翰·斯沃布鲁克,苏珊·霍纳.旅游消费者行为学.俞慧君,张殴,漆小燕,译.

北京:电子工业出版社,2004.

[52] 张春花,等. 中国城市居民乡村旅游动机研究——以上海、南京为例. 桂林旅游高等专科学校学报,2007,18(5):703-706.

[53] 张宏梅,陆林. 皖江城市居民旅游动机及其与人口统计学特征的关系. 旅游科学,2004,(4):22-28.

[54] 张卫红. 旅游动机定量分析及其对策研究. 山西财经大学学报,1999,21(4):100-103.

[55] 张晓燕,张善芹,马勋. 我国自驾车旅游者行为研究——以华北地区为例. 旅游学刊 2006,21(9):31-35.

[56] 中国出境旅游者消费行为模式研究课题组. 中国出境旅游者消费行为模式研究. 北京:旅游教育出版社,2003.

[57] 张虹菲,吴佳,李苗. 基于城市文化旅游资源的国外背包客动机、行为与满意度研究——以北京市为例. 旅游学刊,2007,22(10):23-29.

[58] Andrew Holden. Understanding Skiers Motivation using Pearces Travel Career Construct. Annals of Tourism Research, 1999, 26(2):435-457.

[59] Antoni R. F. Mass tourism and the demand for protected natural areas: a travel cost approach. Journal of Environmental Economics and Management, 2000, 39(1):97-116.

[60] A. Scott McCabe. Tourism Motivation Process. Annals of Tourism Research, 2000, 27(4):1049-1052.

[61] Bongkoo Lee et al. The dynamic nature of leisure experience: an application of affect control theory. Journal of Leisure Research, 2002, 34(3):290-310.

[62] Cai et al. Benchmarking: comparing discounted business rates among lodging companies. Journal of Hospitality and Tourism Research, 1999, 23(3):256-267.

[63] Cai, L. A., Hong, G., & Morrison, A. M. Household expenditure patterns for tourism products and services. Journal of Travel & Tourism Marketing, 1995, 4(4):15-40.

[64] Motivation by nationality and satisfaction. TourismManagement, 2004, 25:61-70.

[65] Chris Ryan and Ian Glendon. Application of leisure motivation scale to tourism. Annals of Tourism Research, 1998, 25(1):169-184.

[66] Chulwon Kim. Cross-Cultural Perspectives on Motivation. Annals of Tourism Research, 1998, 25(4):202-205.

[67] Cohen E. Toward sociology of international tourism. Social Research, 1972 (39): 164 – 182.

[68] Cooper C. P. Spatial and temporal patterns of tourist behavior. Regional Studies, 1981, 15(5):359 – 371.

[69] Crompton, J. L., & Ankomah, P. K. Choice set propositions in destination decision. Annals of Tourism Research, 1993, 20(3), 461 – 476.

[70] Crompton J. L. Motivations for pleasure vacation. Annals of Tourism Research, 1979, 6(4):408 – 424.

[71] Crouch et al. Modelling consumer choice behaviour in space tourism. Tourism Management, 2009, 30(3):441 – 454.

[72] Dann G. M. S. Anomie, ego – enhancement and tourism. Annals of Tourism Research, 1977, 4(4):184 – 194.

[73] Darya Maoz. BACKPACKERS' MOTIVATIONS The Role of Culture and Nationality. Annals of Tourism Research, 2007, 34(1):122 – 140.

[74] Engel, J. F., Blackwell, R. D. &Miniard, P. W. Consumer Behavior. New York: The Drydden, 1995.

[75] Ercan Sirakaya, Arch G. Woodside: Building and testing theories of decision making by travellers. Tourism Management, 2005 (26):815 – 832.

[76] Fakeye P. C., Crompton J. L. Image differences between prospective, first – time, and repeat visitors to the Lower Rio Grande Valley. Journal of Travel Research, 1991, 30(2):10 – 16.

[77] Gallup J. L., Sachs J. D., Mellinger A. D. Geography and economic development. International Regional Science Review, 1999, 22(2):179 – 232.

[78] Gareth Shaw, Sheela Agarwal and Paul Bull. Tourism consumption and tourist behaviour, a British perspective. Tourism Geographies, 2000, 2(3):264 – 289.

[79] Geoffrey I. Crouch, Timothy M. Devinney, Jordan J. Towhidul Islam. Consumer choice behavior in space tourism. Tourism Management, 2009(30):441 – 454.

[80] Gilbert M. Measuring the effect of tourism services on travelers, quality of life: further validation. Social Indicators Research, 1991, 69(3):243 – 277.

[81] Goossens C. Tourism information and pleasure motivation. Annals of Tourism Re-

search,2000, 27(2):301 – 321.

[82] Havitz, M. E., Dimanche, E. Leisure involvement revisited: conceptual conundrums and measurement advances. Journal of Leisure Research, 1997(29):245 – 278.

[83] H. Bansalas and H. A. Eiselt. Exploratory researchof tourist motivations and planning. Tourism Management,2004,25:387 – 389.

[84] Hong et al. Leisure travel expenditure patterns by family life cycle stages. Journal of Travel and Tourism Marketing,2005,18(2):15 – 30.

[85] Iso – Ahola S. E. Toward a social psychological theory of tourism motivation: a rejoinder. Annals of Tourism Research, 1982, 9(2):256 – 262.

[86] Jehn – Yih Wong, Ching Yeh. Tourist hesitation in destination decision making. Annals of Tourism Research,2009,36(1):6 – 23.

[87] J L Crompton. Motivation for pleasure vocation. Annals of Tourism Research,1979,6(4):408 – 424.

[88] John L. Crompton and Stacey L. McKay. Annals of Tourism Research, 1997,24(2):425 – 439.

[89] Lam, T., & Hsu, C. H. C. Predicting behavioral intention of choosing a travel destination. Tourism management,2006,27(4):589 – 599.

[90] Lee C. K., Lee T. H. World culture EXPO segment characteristics. Annals of Tourism Research, 2001, 28(3):812 – 816.

[91] Lee C. K., Lee Y. K, Wicks B. E. Segmentation of festival motivation by nationality and satisfaction. Tourism Management,2004,25(1):61 – 70.

[92] Lee T. H., Crompton J. Measuring novelty seeking in tourism. Annals of Tourism Research, 1992, 19(4):732 – 751.

[93] McIntosh R., Cupta S. Tourism: principles, practices, philosophies(Third Edition). Columbus Ohio: Grid Inc.

[94] Middleton, R. Urban tourism and small tourism enterprise development in Johannesburg: the case of township tourism. Geojournal,1994,60(3):249 – 257.

[95] Morrison et al. Definition of adventure travel: conceptual framework for empirical application from the providers' perspective. Asia Pacific Journal of Tourism Research, 1996, 1(1):47 – 67.

[96] Moutinho L. Consumer behavior in tourism. European Journal of Marketing, 1987, 21(10):1-44.

[97] Nadeau et al. Destination in a country image context. Annals of Tourism Research, 2008, 35(1):84-106.

[98] Narayan, P. Examining the behaviour of visitor arrivals to Australia from 28 different countries, Transportation Research, Part A: Policy & Practice, 2008, 42:751-761.

[99] Nichols M. C., Snepenger D. J.. Family decision-making and tourism behavior and attitudes. Journal of Travel Research, 1988, 26(4):2-6.

[100] Nicolau J. L., Más F. J. Stochastic modeling: a three-stage tourist choice process. Annals of Tourism Research, 2005, 32(1):49-69.

[101] Page S. J., Hall M. C. Managing urban tourism. Harlow: Prentice-Hall, 2003.

[102] Paresh Kumar Narayan. Examining the behaviour of visitor arrivals to Australia from 28 different countries. Transportation Research PartA, 2008 (42):751-761.

[103] Pearce P. L. The Ulysses factor: evaluating visitors in tourist settings. New York: SpringerVerlag, 1988.

[104] Pizam A., Sussmann S. Does nationality affect tourist behavior. Annals of Tourism Research, 1995, 22(4):901-917.

[105] Prentice R. Community-driven tourism planning and residents' preferences [J]. Tourism Management, 1993, 14(3):218-227.

[106] Sarah Todd. Examining Tourism Motivation Methodologies. Annals of Tourism Research, 1999, 26(4):1022-1024.

[107] Schewe C D and Calantone R J. Psychopgraphic Segmentation of Tourists. Journal of Travel Research, 1978, 16(2):14-20.

[108] Schmoll. C. HIV-Related risk behavior among Japanese tourist in the Khaosan Road Area, Bangkok. Thailand. AIDS and Behavior, 1977, 6(3):245-253.

[109] Seddighi, H. R. and Theocharous, A. L. A model of tourism destination choice: a theoretical and empirical analysis. Tourism Management, 2002, 23(5):475-487.

[110] Shoval N., Boniface P., Russo A. P. Tourism management in heritage cities. Annals of Tourism Research, 2001, 28(3):824-826.

[111] Shoval N, &Coben-Hattab, K. Urban hotel development patterns in the face of

political shifts. Annals of Tourism Research, 2001,28:908 - 925.

[112] Shoval N. ,Raveh A. Categorization of tourist attractions and the modeling of tourist cities:based on the co - plot method of multivariate analysis. Tourism Management, 2004, 25 (6):741 - 750.

[113] Siew I. N. , Lee J. A. , Soutar G. N. Tourists' intention to visit a country: the impact of cultural distance. Tourism Management, 2007,28(6):1497 - 1506.

[114] Sirakaya E. & Woodside, A. G. Building and testing theories of decision making by travelers. Tourism Management,2005,26:815 - 832.

[115] Sparks, B. Planning a wine tourism vacation? Factors that help to predict tourist behavioural intentions. Tourism Management, 2007,28(5):1180 - 1192.

[116] Stephen Clift and Simon Forrest. Gay men and tourism: destinations and holiday motivations. Tourism Management,1999,20:615 - 625.

[117] Stewart F. UK leisure trends and the prospects after skiing. London :National Ski Conference Olympia,1993.

[118] Um S. ,Crompton J. L. Attitude determinants in tourism destination choice. Annals of Tourism Research, 1990, 17(3):432 - 448.

[119] Woodside, A. G. , & King, R. Tourism consumption systems:Theory and empirical research. Journal of Travel and Tourism Research, 2001,10(1):3 - 27.

[120] Yaniv Poria and Arie Reichel and Avital Biran. Heritage site management motivations and expectations. Annals of Tourism Research,2006,33(1):162 - 178.

[121] Zhang Qiu Hanqin and Terry Lam. An analysis of Mainland Chinese visitors' motivations to visit Hong Kong. Tourism Management,1999, 20 :587 - 594.

责任编辑：郭珍宏

图书在版编目(CIP)数据

中国旅游消费行为模式研究 / 龙江智著. -- 北京：旅游教育出版社，2014.5

ISBN 978 - 7 - 5637 - 2912 - 8

Ⅰ.①中… Ⅱ.①龙… Ⅲ.①旅游—消费者行为论—研究—中国 Ⅳ.①F592.6

中国版本图书馆 CIP 数据核字(2014)第 063435 号

中国旅游消费行为模式研究

龙江智 著

出版单位	旅游教育出版社
地　　址	北京市朝阳区定福庄南里1号
邮　　编	100024
发行电话	(010)65778403 65728372 65767462(传真)
E - mail	tepfx@163.com
印刷单位	北京京华虎彩印刷有限公司
经销单位	新华书店
开　　本	787毫米×1092毫米　1/16
印　　张	10
字　　数	146千字
版　　次	2014年5月第1版
印　　次	2014年5月第1次印刷
定　　价	30.00元

(图书如有装订差错请与发行部联系)